社会主义核心价值体系建设

"双百"出版工程

# 项 目

# /100位
## 新中国成立以来感动中国人物/

# 唐山十三农民

刘家科　刘海荣/著

★

吉林文史出版社

# 前　言

　　每个人的心中都多少有一点英雄情结，都向往英雄、景仰英雄。也正因此，在中华人民共和国建国六十周年之际，由中央十一部委联合组织开展的"100位为新中国成立作出突出贡献的英雄模范人物和100位新中国成立以来感动中国人物"的评选活动中，群众参与投票总数近一亿。这其中的每一张选票，都表达了人们对英雄模范的崇敬之情，寄托着对伟大祖国的美好祝福。

　　一个民族不能没有英雄，否则这个民族就不会强大。当国家危难之时，懦弱者选择了逃避、妥协甚至投降，英雄们却挺身而出，用热血捍卫民族的尊严，人民的幸福。在创立和建设新中国的伟大历程中，涌现出无数可歌可泣的英雄模范人物。他们之中，有为了民族独立和人民解放而英勇牺牲的革命先烈，有为了党和人民的事业而不懈奋斗的优秀共产党员，有在全民族抗战中顽强奋战、为国捐躯的爱国将士，有英勇杀敌的战斗英雄和革命群众，有积极从事进步活动的著名民主爱国人士和国际友人……他们是民族的脊梁、祖国的骄傲，是激励全体人民团结奋斗的精神力量。

　　《100位新中国成立以来感动中国人物》丛书，就像一部星光璀璨的英雄谱，真实、完整地记录了英雄模范人物不平凡的一生，再现了他们非凡的人格魅力和精神世界。舍身堵枪眼的黄继光，拼命也要拿下大油田的王进喜，中国原子弹之父邓稼先，新时期领导干部的楷模孔繁森……一串串闪光的名字，一个个动人的故事，犹如群星闪烁，光耀中华。

　　当今中国正处于伟大变革的时代，迫切需要涌现出一大批勇于承担历史使命、为祖国和人民奉献一切的先进人物。在"双百"人物崇高精神的引领下，在建设社会主义现代化国家的征程中，必将英雄辈出。

# 生平简介

唐山十三农民，宋志永、杨国明、杨东、王加祥、王得良、宋志先、王宝国、王宝忠、曹秀军、尹福、宋久富、杨国平、王金龙等村民，河北省唐山市玉田县人，年龄最大的62岁，最小的19岁。

2008年初，特大雨雪冰冻灾害袭击了南方大部分地区，灾情牵动着全国人民的心。大年三十下午，宋志永和12名乡亲租了一辆中巴车奔赴灾区湖南郴州抗击雨雪冰冻灾害，正月初二上午到达郴州电力抢险指挥部，成为公司一支编外"搬运队"。他们每天起早贪黑，踏雪履冰，为抢修工地扛器材、搬材料、抬电杆，一干就是半个多月，直到完成任务后才返回家乡，他们被当地媒体誉为"唐山十三义士"，被郴州市授予"荣誉市民"称号。2008年5月12日下午，宋志永和12位农民兄弟得知四川汶川发生了大地震，他们又主动来到灾情最重的四川北川县城，成为最早进入北川抗震救灾的志愿者之一。他们用最原始的方法——铁锤砸、钢钎撬、徒手刨，不断寻找幸存者。他们与解放军官兵等一起抢救出25名幸存者，挖掘搜寻了近60具遇难者遗体。后来，宋志永又将246名灾区孩子接到唐山玉田上学。宋志永被团中央评为全国五四标兵，获得中国十大杰出志愿者集体负责人等荣誉称号。

唐山十三农民

[TANGSHANSHISANNONGMIN]

▲唐山十三农民

# 目录 MULU

# 英雄出自侠义之乡（代序）

　　唐山十三农民，又称"唐山十三义士"，被网友们誉为"唐山十三侠"。他们是唐山十三位普通得不能再普通的农民，却用朴实无私的伟大行动感动了全国十三亿人民。

　　自古燕赵多义士。古老的燕赵大地，处于北方游牧民族与中原汉族的交错杂居地带，久经战火淬炼的这片土地，孕育了侠骨豪情的燕赵文化，并造就了人们世代相传的燕赵侠风。

　　燕赵大地上自古英雄辈出。有先秦时义薄云天拼死救孤的公孙杵臼、程婴，春秋时吞炭漆身为主公复仇的豫让，战国时为知己者死的刺客荆轲，北宋时慷慨就义的李若水，南宋时投海殉国的张世杰，抗日战争时期血染沙场、舍生取义的狼牙山五壮士……古往今来，燕赵大地演绎出了一曲曲悲怆、高亢的英雄之歌。

　　今天的燕赵大地上，那个叫玉田的地方，是唐山市下辖的一个行政县。玉田自古就是侠义仁厚之乡，据《搜神记》载：杨伯雍一人作义浆三年，"行者皆饮之"，可知受益者甚众。

　　在当地久已流传的一个神话传说，讲的就是这段故事。终山（玉田在唐代叫做终山）有杨公伯雍，以偿卖为业，性笃孝。父母亡，葬于终山。山高八十里，上无水。公汲水，行者皆饮之，数年如一日。杨公的义举感动了一位神仙，神仙以一斗石子相赠，嘱其选好地种之，后种石得玉，玉田由此而得名。"种石得玉"的神话代代相传，玉田人乐善好施的美德也传承了下来。

以宋志永为首的唐山十三农民就是玉田人，他们都来自同一个地方——玉田县东八里铺村。一个只有 160 户人家、500 多人的小村庄。

2008 年，他们辗转数千公里，到南方抗击冰雪，到四川抗震救灾，救助灾区学生……他们用善心大爱感动了全中国，全国各地的玉田人、唐山人乃至河北人都为他们的义举感到骄傲。

2009 年 9 月，这十三位农民集体被评为"100 位新中国成立以来感动中国人物"之一，"感动中国"组委会在给他们的颁奖词中，作出了如下评价：

"不是归途，是千里奔波，雪中送炭；不是邻里，是素不相识，出手相援。他们用纯朴、善良和倔强的行动，告诉了我们'兄弟'的含义。"

# 知恩图报

# ➡ 立志报恩的唐山人

★★★★★

说到唐山十三农民，首先要提的是这个团体的领军人物宋志永，正是因他当初的倡导，才有了这个团体，也才让这十三位农家汉子在新中国光辉史册上留下了浓重的一笔。

宋志永 1973 年 5 月出生，3 岁时，他经历了震惊世界的唐山大地震。

1976 年 7 月 28 日凌晨 3 点 42 分，随着亮如白昼的地光和山崩地裂的巨响，唐山发生了 7.8 级地震。顷刻之间，一座拥有 100 多万人口的城市成为一片废墟。24.2 万人葬身瓦砾之中，16.4 万人重伤，7200 多个家庭全家遇难，上万个家庭解体，4204人成为孤儿。97%的地面建筑、55%的生产设备毁坏；交通、供水、供电、通讯全部中断。这场地震的直接经济损失超过了人民币100亿元。

唐山大地震的破坏范围据后来测算，超过了3万平方公里，与震中近在咫尺的玉田县当然未能幸免。

说起那场毁灭性的地震，每一个唐山人都有种刻骨铭心的痛，说起当时来自全国各地的解放军、医疗队和支援者，每一个唐山人都心怀感恩。

大地震那时发生的事，宋志永因为年龄太小基本上不记得什么，大多是年龄稍大以后从父母口中听说的。他记事时起，就常常听见父母亲说，自己在地震后第三天得了一种病，叫大叶肺炎，咳嗽不止，高烧不退，差一点就没了命。村里的赤脚医生给他看了多少回也看不好，光吃药的空瓶子就有两篓子。家里人实在没办法，后来打听到上海医疗救助队在附近有个医疗点，就套上车拉着他去那儿。上海医疗队的医护人员接收以后，经过精心的治疗和护理，不几天，他就恢复了健康，没过一个礼拜就基本上全好了。这让一家人高兴坏了，上海医疗队的恩情让这个家庭永远都记在心里。

"孩子，做人要有良心，要懂得知恩图报。"长辈们的谆谆叮嘱，让这个年轻一代的唐山人从小就懂得了良心、报恩、道义和责任，并成了他终身的人生信条。

医疗队的救命之恩宋志永是听父母说起的，自己并不记得什么，但他记得自己小时候穿的百家衣。那些衣服不是那么合身，衣服花花绿绿的，有长有短，还大小不一，这些全国人民捐献的衣服，让他终于不再光着屁股满村跑了。他还记得自己家庭条件不好，地震后的家里更是穷得叮当响，吃饭都成了问题，靠着国家发放的救济粮，自己一家人才活了下来。

听长辈们说，在旧社会要是发生了自然灾害，唯一的活路就是全家人出去讨饭。要不是有了国家的救济粮和好心人捐赠的衣服，自己一定会像一个小乞丐一样衣不遮体，四处流浪，别说吃饱穿暖，连活命都难。

宋志永从小就体会到了国家和人民对自己的关爱，正是这些真诚的奉献，他才能够活下来。

他立志，长大后一定要回报国家，回报社会。

# → 南国冰雪

★★★★★

2008 年 2 月 4 日，农历腊月二十八。

新春佳节即将来临。在外奔波一年的游子终于能与亲人团聚，紧张了一年的工作终于能放下歇歇，孩子们新衣已经买好，主妇们的年货已经购齐……人们在春节这个最重要的传统节日里，收获着一年的幸福与喜悦。

这个时候本应是华夏大地阵阵欢歌笑语、处处喜庆祥和之际，但宋志永这几天却一点也开心不起来。

他在为此刻正遭受着冰雪灾害的南方忧心。

自 2008 年 1 月 10 日起，我国南方部分地区发生了历史上罕见的雨雪冰冻灾害。雨雪、低温天气已长达 10 余天，气温之低、持续时间之长是近 50 年以来最严重的，冰雪灾害给人民群众的生产生活带来严重影响。

宋志永这几天只要打开电视、连上网络、翻开报纸，触目所及的全是南方雨雪冰冻灾害的新闻报道，脑子里想的全是这场灾害带给人们的伤害。灾区断水断电的情景让他无法入睡，灾区群众渴盼救援的眼神让他心急如焚。

宋志永的妻子张宁，与丈夫一样，也一直关心着我国南方的这场灾难。但她没有想到，自己的丈夫此刻在心里已经暗暗作出了一个重大的决定。

说起宋志永与张宁能走到一起也算有些不寻常。张宁是县计划生育中心医院的医生，宋志永是农村的个体户，两个人虽然在玉田县一中上高一时是同班同学，但后来的差距是显而易见的。经媒人介绍相见后，张宁死心塌地喜欢上了宋志永，尽管父母因门第不同明确表示不同意，她也毫不妥协。两人终于在 1998 年 8 月走到了一起。可以说，正是张宁的坚持和对宋志永的信任，他们才有了今天美满的婚姻。

宋志永知道自己一旦做出决定，妻子一定会支持自己的行动，但他不知道该怎么开口。

△ 宋志永的妻子张宁

　　他试探妻子心里的想法，一边和妻子看着电视里的受灾场面，一边说："你看人家真可怜，要是咱们能帮他们一把就好了。"

　　妻子也很有感触，说："是啊，南方现在受这么大的灾，是该帮助他们。"

　　宋志永的眼睛亮了："你也是这么想的？"

妻子认真地说："是啊，三十多年前唐山大地震时，全国人民都帮助我们唐山，现在南方遭了灾，我们帮助他们也是应该的。"

宋志永其实自从南方冰雪灾害发生后，就开始盘算怎么去帮助灾区的事。他曾经考虑过捐款，为灾区人民奉献自己的一份爱心，但是他更想既出钱又出力，只有亲赴灾区救援，他才觉得心里踏实。可这时已经到了年跟前儿，他实在不知道该怎样和家里人开口。现在听到妻子这样说，他立刻来了精神，说："要不我去灾区吧，光出点钱，老觉得帮不上人家。"

妻子说："你要想去就去，别好像我拦着你做好事一样。"

宋志永说："你真的不拦我？"

妻子说："不拦，我可不想落一个不通情理的罪名。"说完起身离开了电视旁。

"好！那我就真去了。"宋志永默默在心里对自己说。

从这时起，他就开始筹备去南方救灾的事了。

他觉得自己一个人的力量有限，就先暗地里找了本家的几个兄弟探了一下口风，看大家都表示支持他，他筹备得更起劲了。他偷偷准备好了3万块钱，还联系好了一辆对外出租的面包车，想再联系几个村里乡亲开车去灾区。

# ⟶ 坟地里的动员会

★★★★★

2008 年 2 月 6 日，农历腊月三十。

这一天，村里人都去拜祭逝去的先人，宋志永决定借这个机会，当着祖先的面把这件事亮明，召集志愿者一起前往灾区。

在祖辈们世代居住的八里铺村南边，有一条东西走向的小河，当地人称为暖泉河。在村庄与暖泉河中间，被庄稼包围着一小块方形墓地，墓地中排布着十几座大大小小的坟头，这就是八里铺村的一处公墓。墓群的西南角竖立着宋志永的爷爷宋长印和奶奶宋李氏合葬的墓碑，宋志永父亲宋桂富的坟墓在墓地的东北角。

在长辈的墓地前，宋志永恭恭敬敬地磕了几个头，在心里对自己的祖先默默地祷告，希望他们的在天之灵能够同意这个有点疯狂的决定，能够保佑他们这一次南方之行。

这时候，来上坟的乡亲们渐渐多了起来。

宋志永站在墓地中间，对着乡亲们说："大伙先别走，我有点儿事和你们商量。"

人们见他的表情很庄重，都挺奇怪地凑过来，问："啥事呀？"

宋志永说："这几天大伙都看电视了吧？南方遭受了特大雪灾，很严重，我想到南方去救灾，你们去不去？要去的话，费用我出！"

有的本家兄弟他提前就打了招呼，这几个兄弟就在人群中间喊"去！""算我一个！"

宋志永仔细看了看，前两天没打招呼的人里似乎也有几个想去的，就说："咱们出去是去冰天雪地里救灾，吃苦受罪的，你们可考虑好了，真想去的话就举手报名。"

没想到，他话音落下没多久，除本家兄弟外，还有好几个乡亲举手。其中一个一边举着手，一边还说："看人家那难受劲儿，我早就想去了，算我一个呀！"

此时的宋志永心里更塌实了，看来自己成行的希望越来越大了，但细想了想，人数还不够，自己租的依维柯面包车能坐十几个人。于是就说："要去你们就先回家收拾一下，我再去村里找几个人，下午我们就出发。"

乡亲们渐渐走散了，宋志永一个人留在墓地里，脑子里盘算着村里谁还能一起去。他想起年轻的时候当过兵的堂哥宋志先来，就掏出手机打电话。电话接通后，宋志先详细问了几句，也满口答应一起去。

这时候，宋志永才急急地往村里走。

回到村里，他先去找了宋久富，按辈份，宋久富得向宋志永叫大叔。宋志永见到宋久富，开门见山地问："大叔想去南方救灾，你去不去？"

宋久富见宋志永一脸认真劲儿，就说："去，你去我就去！"

"好，就这么说定了。"

宋志永马不停蹄地又去找了同村的王宝国、杨国明、曹秀军。杨国明家里种着蔬菜大棚，临近过年了家里活也不少，但听说这事后，也立即答应去了，还给自己儿子杨东报了名。

村民王金龙才19岁，他在墓地里就报了名，回家和母亲一说，老太太虽有点儿舍不得，但没阻拦他，只是说："你年龄太小，我不放心，要是

曹秀军

尹 福

王宝国

宋久富

王得良

宋志永

杨国平

你爷俩都去，有个照应我还放心点儿。"于是，王
金龙的父亲王得良，也成为南方之行的一员。

村民王加祥在墓地报了名，刚回到家，正和
媳妇在院子里商量去南方的事，正好被路过的同
村的尹福听到了。尹福闯进院子里对王加祥说："救
灾是好事啊，你们怎么不喊上我？"

正说着话，宋志永来了。尹福忙和宋志永说：
"我也去，给我报个名。"

宋志先 王宝忠 杨 东 王加祥

王金龙 杨国明

　　尹福当年整 60 岁，宋志永看看他说："人手够了，再说，你这么大岁数了，别去受这个罪了。"

　　尹福一听急了，指了指王加祥："他比我还大两岁呢，他都报名了，我一定也得去。再说了，我干起活来比年轻小伙子也差不了多少啊。"

　　宋志永没办法，只好同意了。

　　就这样，一个、两个、三个……，连同宋志永，一共组织起来十三个人。他们按年龄大小排列的顺序是：

王加祥，62 岁；

尹　福，60 岁；

宋志先，48 岁；

王得良，48 岁；

王宝国，47 岁；

曹秀军，46 岁；

王宝忠，44 岁；

杨国明，44 岁；

宋久富，39 岁；

宋志永，35 岁；

杨国平，34 岁；

杨　东，21 岁；

王金龙，19 岁。

值得说明的是，这个年龄大的大、小的小的十三人队伍中，有两对是父子，三对是亲兄弟。正应了那句老话："打仗亲兄弟，上阵父子兵。"

# → 难舍的亲情

★ ★ ★ ★ ★

人的事情妥当了，宋志永心里还有两件烦心事。

一件是今天是大年三十，自己现在动身去南方救灾，虽说前两天妻子口头上似乎答应了，但真要动身了，怎么和她张口？另一件是当初接连跑了几家出租车公司和个体运输户，没有人愿意大过年出远门，只愿租车不肯出司机，这一伙人里只有自己会开车。

相比较而言，司机的事好解决，没有司机自己一个人开全程也没问题。但怎么说服妻子却是个不小的难题。

△ 宋志永的母亲、妻子和儿子

　　宋志永回到家和妻子一说，果然她不太愿意自己现在出门。

　　他就搬出妻子曾说过的话："三十多年前唐山大地震时，全国人民都帮助我们唐山，现在南方遭了灾，我们帮助他们也是应该的呀！"

　　妻子一听，不说话了。

　　母亲汪淑珍也想一家人过个团圆年，可想到

1976 年地震时，上海医疗队不仅救了儿子的命，自己当时有病也让人家给治好了，觉得不能拖儿子的后腿，就表示支持儿子。

妻子张宁见老人都同意了，再说她只是大过年的不舍得也不放心丈夫出远门，其实从内心里还是支持宋志永这一举动的。于是，也就不再说什么了，开始打点宋志永的行装。

大年三十的下午，这十三个农民家庭中，也同样都在上演着难舍难分的亲情故事。

王加祥当年 62 岁，是这个队伍中年龄最大的，早已儿孙满堂，在家里说一不二。老伴知道他大过年地要出远门，满肚子是气，就赌气不帮他收拾东西。她明知道劝他也没用，就在一旁自己唠叨："都一把老骨头了，还出去逞能。再说了，过了年再走不行吗？"看老伴不给收拾行李，王加祥自己收拾。收拾完后，他喊老伴："把铁锹给我拿来！"见老伴不搭理他，他就自己找到铁锹扛着就出门了。出家门时，又回头对老伴说："初二我不能到厂里加班了，你替我请半个月假。"他在一家暖气片厂工作，一月能挣一千多块钱，原定的是大年初二他加班，可现在顾不得这么多了，这一去虽说至少得损失五六百块钱，但他觉得为了帮助灾区老百姓，值！

杨国平是自作主张报的名，没有和自己的两个孩子商量。回家和女儿杨芳说马上乘车去南方，杨芳听了心里很难受。去年春节期间妈妈去世，整个春节全家都在泪水中度过，今年这个时候爸爸又要出远门，让她有点接受不了。但杨芳是个懂事的孩子，她知道爸爸已经决定了的事谁劝也没用，就默默地给爸爸收拾行李。爸爸有老胃病，她最担心爸爸的身体，就在他衣袋里放了半个月的胃药，叮嘱他千万记得吃药。走出家门的时候，爸爸扛着镐走在前面，女儿含着眼泪跟在后面。

王宝国是东八里铺村村委会副主任，平时就是个热心肠，村民们家里的大事小情都爱找他说说，有什么困难也愿意向他求助。他先到父母那儿和老人说出门的事，父母年纪都大了，还有一身的病，但谁也没有阻拦他。他们理解儿子，知道儿子大过年的出门是帮人做好事去了。王宝国的妻子赵淑云没有两位老人想得那么开，儿子在四川当兵，女儿已经出嫁，丈夫这一走，大过年的家里六间大房子就只剩下她一个人了，想着想着眼泪就流下来了。王宝国赶忙给妻子擦眼泪："哭什么啊，十几天就回来，回来后咱再过一个春节。"话说到这份儿上了，赵淑云只能含着眼泪给丈夫收拾行李，知道他有腰痛病和胃病，临出家门时又特地给他贴上了一贴风湿止痛膏。

在全村人殷殷期盼的目光中和震耳欲聋的鞭炮声中，这十三条汉子组成的救灾队伍就要起程了。

△ 义士们留守在家乡的亲属

全村的乡亲们都来给亲人们送行。

在送亲的人群里，很多人都哭了，有的是牵挂丈夫年事已高怕他身体承受不了的妻子，有的是担心孩子太小吃不了苦的母亲，有的是舍不得爸爸大过年离开家的孩子……

但车上这十三位义士，尽管也有些不舍，此刻内心里更多的却是兴奋和激动。

他们都是第一次出远门，在大年三十出门去帮助别人，他们觉得这个年过得远比在家陪老婆孩子更有意义。他们一边安慰着亲人，一边用力挥动着手臂，向亲人们告别。

在万家团聚的除夕夜，十三位农民告别了家乡，踏上了征程。

他们满载着北方农民特有的质朴和唐山人知恩图报的深情厚谊，开赴正饱受着冰雪摧残的南方灾区。

# 郴州救灾

# → 在年三十的夜晚起程

★ ★ ★ ★ ★

宋志永带着 3 万多块钱和村里开的介绍信，开着披红挂彩的依维柯面包车，缓缓驶离了东八里铺村。车一启动，他就感觉到了自己肩上如山的重担。

首先是从河北到南方灾区，少说也要经过几十个小时的长途跋涉，这车上只有自己一个人会开车，这辆租来的汽车车况似乎不太好，在冰天雪地的公路上连续行驶这么长时间，这十几个父老兄弟能不能安全到达目的地？

再有，自己组织的这一伙人平时擅长的是干农活、做小生意，在冰雪中救援的经验一点也没有，会不会到了灾区不但给当地救灾工作帮不上忙，反倒给人家添乱？

他以前没有考虑这么仔细，当初全凭一股想救灾的热情做出的决定，车子启动后，这些问题渐渐浮上了他心头。

从车内后视镜里隐隐约约看到身后的父老兄弟们，正一边兴高采烈地分享着家人为他们准备的年货，一边说着到了南方灾区怎样甩开膀子干时，他的热血再次涌上来了。

——不管怎么样，先开好车到了灾区再说！

他怕自己一个人长时间驾驶会打瞌睡，一有点倦意就点燃一根香烟，起先这办法还有点效果，后来不管用了，他就边开车边把头伸到车窗外，让冷风刺激大脑神经。能用的招都用了，但时间长了还是疲倦。最后他实在没办法了，就使劲儿咬嘴唇。嘴唇咬破了，把血咽到肚里，过一会儿有了倦意再继续咬。

这辆车的车况确实不怎么样，在去灾区的路上，汽车的车灯、发动机等多处先后出了故障，一路上让宋志永开得胆战心惊。

先是刚出河北界，车载电视坏了，这个坏了就坏了，不影响行程，宋志永没有在意。

走着走着，汽车前大灯突然毫无征兆地熄灭了，怎么也亮不了。当时正是夜间，又行驶在从没跑过的冰雪路，宋志永赶忙把车速降下来，打开近光灯，靠公路右边缓缓行驶。他没有停车，因为他知道，只要多开一米就离灾区又近了一米，就能早一分钟到达灾区帮助受灾群众。再说，路边也没有修车点。于是汽车就在黑暗中慢慢摸索着前进。

进入湖南境内时，车子的发动机又出了故障，这下车再也开不动了，只好停下来找地方修车。发动机修好了，花了3000多块钱，让宋志永心疼不已。

他惋惜地对大伙说："本来带的钱是为了用在灾区的，没想到光修车上的这一个毛病就花了这么多钱。"

大家听了，都纷纷劝他别难过："钱是少了，但咱们多给灾区出点力气也一样！""没事，灾区现在需要的是人手，咱们到了那里好好干！"

还好汽车再也没出现别的故障。一路上有惊无险，终于在25个小时后，平安抵达了原计划的救灾目的地——湖南长沙。

"谢天谢地！"车上的人们都吐出了一口气。有的人在车上还开起了玩笑："这是老天爷怕咱到了灾区太能干，路上的这些事是故意给咱出难题呢！"大家听了，都轻松地笑了。

车子进入长沙市区，几经打听，终于找到了湖南省抢险救灾指挥部。谁知指挥部的一名工作人员说的一席话，让他们的激情降到了冰点。

这名工作人员说："长沙市现在的灾情已经基本解除了，你们的心意我们领了，大过年的，还是早点儿回去和家人团聚吧。"

宋志永等十三人听了，立时都懵了。

费了这么大劲，受了这么多罪，大老远跑过来，就让这么回去? 他们面面相觑，谁都不甘心。但回想进入长沙市时一路上的所见所闻，确实井然有序，灾情看来真的已经得到了控制。

怎么办? 大家都看着宋志永。

宋志永想了想，说："不能回去，先找地方住下再说。"

当晚，他在住处组织大家开会，他说："咱不能白来，看看哪里受灾严重，咱就去哪里!"他的话刚说完，就看到大家都立刻点头表示同意。

其实，刚才的话说与不说其实都一个样。因为其他十二个人，根本就无须通过开会统一思想，每一个人的心里和他都是同一个想法。

第二天，也就是正月初一，他们打听到湖南

受灾最严重的地方在郴州，那里的灾情至今还未缓解。于是，他们决定：稍作休息，立刻出发。

出发的时间是正月初二的凌晨 1 点。

这个时间正是人们最困倦的时候，而且大家在出发前都没有睡觉。可登上车时，十三个人一个个都神采奕奕的。因为大家知道，他们终于有了用武之地了。

## ➜ 雪中送炭

★★★★★

郴州是湖南东南部的重镇，是中原通往华南的咽喉要道，被称作湖南省的南大门。2008 年 1 月中旬，特大冰雪灾害突袭这座湘南城市，冰雪压垮了电塔，摧毁了电网，中断了交通，郴州市成了一座"孤城"。

在长沙通往郴州的公路上，十三农民亲眼目睹了公路上覆盖着厚厚的冰雪和公路两旁被大雪压垮的电网铁塔，可以看出，这里的冰雪仍然在肆虐，灾情十分严重。

宋志永小心翼翼地驾驶着面包车，恨不得把汽车变成飞机，从这冰雪难行的公路上飞过去。急于救灾的心情和作为司机的谨慎，这两者的矛盾交织在一起，不一会儿就让他满头大汗。

△ 在郴州抢修电塔

汽车终于驶到了郴州市电力局，听说这里正在召开郴州市抢险救灾协调会，于是他们决定，到会场去自我推荐。

他们赶到时，协调会刚散。湖南省电力安装公司经理正发愁没有人手，刚黯然走出会场大门，就撞上了"送上门来"的宋志永等十三个人。

宋志永上前自报家门："我们是从唐山来的，来义务救灾，干不了技术活，可我们有两膀子力气，抬抬工具、运运材料什么的没问题，让我们参加救灾吧！"

经理喜出望外，连连直呼他们是"雪中送炭"。立刻安排人，把他们编入一支四十余人组成的抗灾先锋队，帮助当地重建几乎瘫痪的电网。

于是在湖南省受灾最严重的郴州市抢险第一线上，就出现了这支由十三位唐山农民组成的救灾小分队。他们的主要任务是在山区清理通往山顶道路的积雪，将重新搭建电塔的设备搬上山，将损坏的设备背下山。

他们接受的第一项任务是往山上运水泥电线杆。这十几条汉子肩上扛着一吨多重的庞然大物，脚下踩着冰雪覆盖的山路，稍不留神，就会摔跟头，就会被砸伤。一天下来，大伙的肩膀都压肿了，脚都磨破了，但谁也没有吭声。

因为山路运输不便，经常要下午两点多才能吃上午饭。湖南菜以辣著称，十三条北方汉子眼睁睁看着饭菜，就是吃不下，一吃呛得嗓子直冒烟，每顿饭他们都是强迫自己像吃药一样闭着眼囫囵吞下去的。杨国平是老胃病，平时一点儿辣椒也沾不得，他从兜里掏出胃药，一边吃药，一边吃饭。

宋志永看不过去了，就为大家买了方便面充饥。时间一长，有的人身体扛不住了，好几个人因水土不服发生了腹泻、感冒、发烧等症状，他又为大家买来药。

后来，有的人手被冻伤，脚被扎破，但都咬牙坚持，从早干到晚，谁也不肯休息，谁也没有怨言。

每天早上，他们五点三十分起床，一直忙到晚上七八点钟才收工。雪虽然停了，这里也比唐山的冬天暖和些，但山上的风可比家乡那边大多了，在外面时间长了，直叫人从心里打哆嗦。

由于施工地点大都在山上，每天走山路很费

鞋子，杨国平从玉田穿来的胶鞋早已经鞋底磨穿了，鞋帮划破了，他在袜子外面套了一层塑料袋继续穿。别人问他，他说："这是我的'发明'，山上泥水多，每天晚上回来袜子都能拧出水，脚还容易被冻坏，自己想出来的这一招，还真挺管用。"后来，他的这一"发明"，引来很多人效仿。

王加祥是队伍中年龄最大的一个，平时就爱喝两口，从家里出来时他就带了一瓶酒，但怕喝酒误事，老人一口酒也没有喝，实在忍不住酒瘾了，就打开瓶盖闻一闻。最后从玉田带来的这瓶酒又原封不动地带回了玉田。

曹秀军在别人休息抽烟的时候，他腾空儿就把大家的安全帽收起来擦上面的泥。别人问他这是干啥？他说："这些安全帽是郴州市人民送的，别的东西可以不要，可这十三顶帽子要带回去做个纪念。看到它们脏了，我心里就不舒服。"

尹福因为水土不服痔疮犯了，好几天解不出大便。有一天早上要出工时，他在厕所里多待了一会儿。他出来和大家说："我的老毛病犯了，迟到了一会儿，对不住大伙儿了。"这时，不知道谁说了一句："知道老毛病犯了，怎么不提前做好准备？"尹福觉得心里很委屈，却把肚里的话咽了下去。他都 60 多岁的人了，如果不是

△ 杨国明、杨东父子俩在救灾一线

为了救灾，早就撂挑子不干了。

在灾区的近二十天里，十三义士转战宜章、桂阳等地，先后参与了十几处电力设施的抢修工作。

这些天，大伙除了对南方的饭菜不适应外，住宿对他们也是一个考验。他们都是北方人，冰雪见得多了，但南方这一闹冰雪灾害，感觉好像天气比北方都要寒冷。再加上南方住的地方都没有暖气，一到深夜，屋子里冷得像冰窖一样。没办法，他们只能往塑料壶里倒点开水，抱着热水壶睡觉，才度过了这些难熬的寒夜。

## → 偶然间成名

★ ★ ★ ★ ★

自从正月初二来到郴州后，十三义士就一直默默地做着上级分配给他们的救灾任务，从没想过要吸引外界的注意，每天按部就班的"救灾生活"曾一度风平浪静。但从正月初九那天起，这种"平静"被打破了。

初九那天，他们结束了手头的救灾任务，在前往长沙电力局请战时，被新闻媒体很意外地发现了。

正月初十晚上，郴州电视台在新闻节目中播出了他们的事迹，整个郴州市立刻沸腾了，全市人民震撼了，感动了！

也从那时起，这十三位农民有了一个响亮的名字：唐山十三义士。

郴州电视台记者何强说："自从栏目播出这支农民抗灾小分队的事迹后，热线电话就接连不断，每天至少有几百个。好多市民都打听这十三位义士的联系方式，想要去他们的住处看望他们。还有的市民听说他们都吃不惯湖南菜，就想请他们到家里吃饭，要专门给他们做些不放辣椒的北方菜。"

短短几天时间，通过全国各大媒体和网站，十三义士的英勇事迹家喻户晓，他们的义举被传为佳话。一时间，与他们素不相识的好心人，有的送来捐款，有的送来食品，有的送来药品，有的送来保暖内衣。

面对堆积如山的慰问品，宋志永对十二位兄弟说："我们是来回报社会的，决不能有任何索取，这些慰问品一件也不能动，我们全部转赠给灾区人民。"结果这些慰问品，他们转手又全部捐献了出去。

郴州市委市政府专程派人看望慰问十三义士，并给他们每人送上1000元慰问金。面对这些奖金，十三个朴实的农民脸都红了。他们觉得，自己是来义务救灾的，郴州市委市政府对他们的褒奖，虽然是对自己行为的鼓励，但奖金绝对不能接受。宋志永代表十三义士，当场就把这笔钱捐给了慈善部门。这一来，让受市委市政府委托的市委常委、宣传部长李荐国过意不去了，执意要请他们吃顿饭，结果十三个人谁也不去，李部长只好陪着这帮农民兄弟吃了顿盒饭。

郴州市电力局也给十三义士送来了2万元慰问金，也同样被他们婉拒了。他们说："灾区正在恢复重建，需要钱的地方多着呢，这些钱我们不能收。"他们把这笔钱捐赠给了当地红十字会。

十三义士还将社会各界给他们的3万多元捐款，全部转赠给灾区的福利院，并将他们自己身上的1000多元钱也捐赠给了受灾群众。

十三义士的事迹感动着郴州人民，郴州人民的热情和关爱也同样感动着他们。

最令义士们感动的是，有一位叫李太芝的老人身患癌症已到晚期，在弥留之际还要捐助给他们2000元手机费。

李太芝老人曾是军人，在病房里听说了十三义士的事迹，立即让女儿打听宋志永的手机，执意要表达他临终前对救灾英雄们的一点心意。义

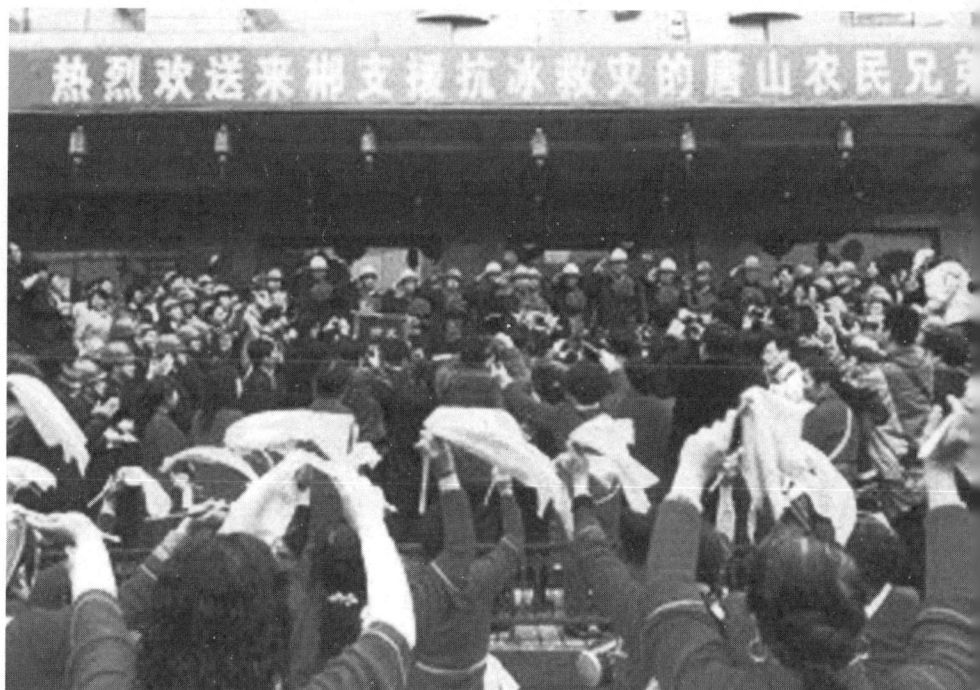

△ 锣鼓喧天送义士

士们得知了这件事后，宋志永代表大家专程来到郴州市看望这位未曾谋面的老人，但没有想到在路上听到了老人家刚刚去世的消息。他立即跑到医院，向老人家作最后的告别。李太芝的老伴将装有2000元钱的红包含泪放在他手里，素昧平生的两个人，紧紧相拥，失声痛哭。在老人的遗体面前，宋志永深深地鞠了三个躬。离开医院后，宋志永就悄悄赶到了郴州市红十字会，把这2000元钱以李太芝的名义全部捐出。

## ➡ 挥别郴州

★★★★★

正月十八，宋志永等十三位义士结束了

在郴州的抗雪救灾工作，踏上了回家的路。

临行前，中共郴州市委、市政府代表640万郴州人民特意为他们送来锦旗，上面写着："感谢唐山兄弟！"同时，还授予他们十三人"荣誉市民"称号。

得知他们要离开的消息，数不清的郴州市民自发前来为他们送行。有人送来了水果，有人送来了自己平常都舍不得吃的临武鸭和东江鱼，还有位65岁的老先生平生第一次到花店为他们挑选了最鲜艳的玫瑰花……礼品都快把他们的依维柯面包车给装满了。贵重的礼物他们可以婉拒，但对这些热情的郴州市民们的心意实在难以推却。

"一路平安！"

"一路顺风！"

车内是十三张激动的脸孔，车外是声声不绝的祝福。

汽车缓缓开动了，义士们一起摇下车窗玻璃，探首窗外，和郴州人民挥别。

别了，郴州。

这个奋战了十几个日夜的地方，这些热情善良的人们，他们一辈子也忘不了。

郴州人民同样也没有忘记他们。

在义士们离开郴州后，郴州市2008年度的十大新闻人物的评选中，唐山十三义士高居榜首，这个集体被称为"十三个人感动十三亿人"。十三义士的领军人宋志永，也因此而获得第十二届中国青年五四奖章、2008年唐山市十大杰出青年等光荣称号。

2009年，湖南省郴州市委宣传部、电力局、广电局的领导来到玉田县东八里铺村，为他们送来贺信和贺卡，并邀请他们"回家"看看。同时，还代表郴州人民赠送给宋志永等十三位义士一份特殊的贺卡。这份贺卡长10多米、宽1米多，上面写满了郴州电力局400多位电力工人的亲笔签名以及他们的祝福。

## → 凯旋归来

★★★★★

回家了。

经过一番艰苦的历练之后，回到并不算是久别的家乡，也同样令人欢欣喜悦。

亲人们知道了他们回家的消息，早早就准备好了盛宴，整个村子的人都等候在村口。

面包车一驶入村口，立刻响了阵阵鞭炮声。

平静的小村庄，第二次"过年"了。

王加祥的女儿、女婿、外孙女早早赶来了，丰盛的"年夜饭"摆上了桌，那瓶带到郴州又带回来的"绵竹大曲"也摆上了桌。看着老人打开酒喝了一大口后的那个幸福劲儿，一家人都开心地笑了。

杨国明、杨东父子俩走后，杨国明的妻子根本没心思过这个年。今天，一直放在冰箱里舍不得吃的年货都端上桌了，过年期间家里的狗常常饿得在院子里团团转，这次男主人回来了，它也跟着又过了一个"年"。

杨芳给爸爸杨国平包了一顿饺子，儿子是厨师，给爸爸做了一桌"年夜饭"。一家人团坐在一起，享受着那份浓浓的亲情，重新体会了一次"大年夜"的味道。

宋志永回来的当天，张宁的爸爸在玉田一家高档饭店请他吃了一顿饭，当是全家人一起补过个年。过去翁婿关系一直不太好，这次宋志永救灾回来后，岳父的态度来了个大转弯，看着饭桌上岳父、岳母、姐姐、姐夫一大帮人轮番给他敬酒，酒未喝下肚，他就已经陶醉了。

夜深了，东八里铺村的"年味"正浓……

省委常委、唐山市委书记赵勇专程来东八里铺村看望载誉归来的十三位义士，对他们的义举给予了大力表扬。

得到家乡领导的肯定，十三位义士大受鼓舞。

赵勇书记接着又对他们说："你们创造的新唐山精神还需要大

△ 唐山市委书记赵勇接见义士们

力弘扬。在你们爱心的感召下，开滦煤矿两万多名职工过年没休息，全市人民为灾区捐款2000多万元。精神是一种无穷的动力，我建议你们创建'宋志永爱心志愿小分队'，从我做起，从身边做起，多做好事，多献爱心，然后向全县、全市、全国辐射，为唐山这座爱心城市再添一道亮丽的风景。"

于是，在唐山市委书记的提议下，"宋志永爱心志愿小分队"成立了。

十三位义士表示，今后无论是救灾抢险还是其他志愿服务，都会一如既往地为社会贡献自己的力量。

也许是天意，也许是考验，就在志愿小分队成立不久，一场震惊世界的大地震降临了。

# 四川抗震

# → 艰难的进川之路

★ ★ ★ ★ ★

2008 年 5 月 12 日下午 2 点 28 分,那一刻,地动山摇,天崩地裂,天地为之变色。

四川发生了里氏 8.0 级的特大地震。

这一场特大地震,波及了我国西部大多数地区,全国多个省份均有震感,其中,汶川、北川、什邡、绵竹、都江堰等 14 个市县、254 个乡镇受灾严重。

虽然几千公里以外的唐山并没有较大震感,但当十三义士们得知这一消息后都震惊了。

经历过大地震的唐山人,都知道地震的惨烈。十三义士中的一些人对当年的浩劫记忆犹深,面对四川的大地震,他们知道自己行动的时候到了。

身为志愿小分队队长的宋志永更是先行了一步，他在电视上看到新闻后，第一时间就做出了去四川的决定。当晚，他给其他十二位义士发了一条短信："我先走了，你们随后跟上。"随即就起程了。

一段异常艰辛的赴川之路开始了。

他先是乘坐出租车来到北京，到了北京西站一问才知道，到成都的火车票已经买不到了。没办法，只能在北京西站待一晚。第二天一早又去排队，还是没有到成都的车票，就只好买了去郑州的车票。

到了郑州，他直奔郑州飞机场，买好飞往成都的机票，在候机大厅等了近三个小时，却等来了航班被取消的通知。然后他又马上赶到郑州火车站去买到成都的火车票，结果郑州与北京西站一样，也不卖去往成都的车票。

看着候车大厅长长的购票队伍，看着时间一分一秒地流逝，宋志永急了，不能再耽搁了。他决定从郑州打出租车先去西安，到了西安再想办法。

去西安的火车票价是 210 元，打出租到西安的费用是 1700 元，两者价格相差悬殊。但这个时候他已经不考虑这些了，只要能到灾区，再多的费用他也愿意承受。可是接连问了好几个司机，他们一听是去西安，都摇头不愿意去。郑州距西安路途遥远，而且离地

△ 被地震严重摧毁的北川县城城边的公路

震灾区不远，没人愿意接这个活儿。

直到晚上9点多，他才费了好大劲儿找了一个愿意去的司机，不料这司机提出了一个附加条件，除1700元的打车费外，还必须加上800元过路费，总共费用是2500元。

宋志永知道这摆明着是他敲竹杠，但已经到了这个时候，只要能马上走，多少钱他都不在乎了。他咬咬牙和司机说："好，马上走。"

　　到了西安后，又换乘出租车赶往成都。在途中，他得知绵阳受灾也很严重，就临时决定先参加绵阳的抗灾抢险。他一路上和司机轮流开了整整9个小时，终于在5月14日凌晨5点，到达了绵阳。在绵阳，他听说下辖的北川县受灾严重，交通、通讯全部中断，他又决定到此刻最需要救援的北川去。

　　出租车司机们听说去北川，都劝他说，道路中断了，山体滑坡，随时都有生命危险。他看出租车不愿去，就费了好大劲雇了一辆摩托车，冒险进山。

　　天上飘着纷纷扬扬的细雨，道路两旁的山上还不时滚落着大大小小的岩石，宋志永和"摩的"司机提心吊胆地行驶在崎岖的山路上。一路上，从山上滚下的重达数十吨的大石头随处可见，稍有不慎，随时都有车毁人亡的危险。

　　花了近三个小时，他们终于在早晨8点多钟，来到了距离北川县城还有6公里的地方。这里的道路已被山体滑坡完全堵塞，连摩托车都过不去了。他告别"摩的"司机，一路小跑着，总算到达了已变成废墟的北川县城。由于跑得太急，膝盖磕破了，腿也被野草刮得满是血迹。

　　就这样，他成为最早到达北川县城抢险救灾的第一批外省志

**047**

愿者。

## → 哭泣的北川

☆☆☆☆☆

北川，正笼罩在一片阴云惨雾之中。

曾经在青山和秀水怀抱中的美丽县城，此刻被夷为平地，县城内外，山体垮塌，楼房坍倒，到处是断壁残垣。

这一场里氏 8.0 级的特大地震，让一所所学校轰然倒塌，让一座座工厂灰飞烟灭，让一幢幢高楼成为废墟……地底传来一阵阵余震，再次给这片饱受摧残的土地带来新的伤害……废墟、瓦砾、遇难者的遗体、接连不断的呼救声和哭喊声……人间地狱也不过如此。

天上飘洒着细细的雨珠，像是天地也在为之哭泣。

宋志永忍住巨大的悲痛，开始了救援工作。他的目光到处搜寻着，在一处坍塌楼房旁边的一片废墟中，他发现了一个腿部被砸伤的老太太。老人家神情木然，任天空飘下的细雨打湿伤痕累累的身体，也一动不动。看到楼上的东西不时掉在老人身边，宋志永的心都揪起来了，他立即从碎石堆中小心翼翼地挤过去，将老人抱出，跑步把老人放到附近的伤员转送站。

接着，他又和武警战士们一道，营救了一个中年男人、一对母子、两个中年人和一个小女孩。

临近中午，他来到了一座倒塌的居民楼前，听到有人说："楼板下面有声音，还有人在里面！"他赶忙跑过去，仔细一听，果然有孩子微弱的呼救声。他和武警战士一起，顺着声音发出的方向，开始了营救行动。

没有营救工具，他就和战士们一起徒手搬砖刨土。断裂的钢筋像刀锋一样锐利，很多人的双手被划伤，但谁也顾不上止血，都用淌着鲜血的双手不停地向下挖。他们先掏出最外面的瓦砾，弄出一个可以容纳人体的洞口，然后再跳进洞里，继续用手刨。在这期间，又发生了两次震感明显的余震，他们也没有停下施救工作，仍在洞口向深入挖了近两米。

终于，宋志永在黑暗中模模糊糊地看见三个女孩，正惊恐地躲在一辆翻倒的汽车车厢里，他当即和战士们一起把三个孩子抬出洞口。洞外的人们看到孩子们安然无恙，发出一片欢呼声。

当天下午，他听说北川中学有很多学生被埋在倒塌的教学楼下面，就简单把手上伤口处理了一下，马上赶到了学校。他登上废墟拼命地向下挖，在一块楼板下面刨出了一个孩子，可惜已经遇难了。

他希望奇迹会出现，在下面能找到生还的孩子，仍继续不停地向下挖，但接连又发现了四具孩子冰冷的尸体。

顿时，两股热流涌出了他的眼眶。

然而泪水并没有打湿这条汉子的信念，他不甘心，继续发疯似的在废墟里搜寻，终于在一片瓦砾下，他和战士们共同营救出了第一个幸存者，接着又救出第二个……

看着一个又一个被自己从倒塌的楼房中救出的生命，给他带来了巨大动力。尽管汗水早已让他全身湿透，他却不觉得累，心中只有一个念头："再救一个，我要再多救一个!"

在北川的第一个昼夜，他与武警官兵们冒着频频发生的余震，从地震废墟中共挽救了11个生命。

到晚上10点多，宋志永已经精疲力尽了，想着自己救出的11条生命，他又流下了眼泪。

这一次是欣慰的泪水。

夜深了，宋志永被人们拉到较平坦的地带去休息。没有帐篷和被子，他躺在一块大石头上，头枕着砖睡了。潮湿阴冷的夜晚和接连不断的余震，不时将他从梦中拉出，让这条疲惫的汉子一整夜都无法安然入睡。

## ➡ 十三义士聚首北川

★★★★★

其他十二位义士在宋志永走后，也立刻行动起来了。

5月12日晚上，也就是宋志永刚刚走后，他们也开始收拾行装，作好了去灾区的准备。

5月13日，他们先到了唐山，再从唐山乘火车赶到了北京。

5月14日，在唐山团市委的资助下，他们

乘飞机到达成都，接着搭车到了绵阳。在绵阳，他们找到指挥部要求去北川救灾，指挥部的工作人员怕他们有危险，坚决不同意他们去。最后十二个人都立下了写着"伤亡一律自负，保证帮忙不添乱"的军令状，指挥部才安排了几辆志愿者开的出租车带他们上路。

5月15日凌晨1点左右，他们的汽车开到公路上的一个岔道，有一边写着去北川方向。有人拦住他们的车，说是深夜任何人不能走。无奈之下，他们只好到附近的指挥所强迫自己休息了两个小时。

凌晨3点，他们继续乘车前进。

早上6点，快到北川时，被地震损坏的公路

△ 十三农民在营救现场

上全是各种车辆和行人，他们乘坐的汽车实在开不动了，于是大家下车步行。

快到早上8点时，这十二条汉子终于步行赶到了北川中学的救援现场，与宋志永会合了。

十三义士聚齐后，都穿上了从家乡带来的"宋志永志愿小分队"的红色马甲，立即汇入了救援队伍，展开了救援工作。

他们跟着专业救援队，一字排开，在县城的各个角落不停地搜索。只要有一线希望，就不惜身赴险境。每次听到废墟夹缝中传来敲击声或呼救声，对他们来说就是冲锋的号角。

脚下是一不小心就会跌得头破血流、刺穿脚板的钢筋瓦砾，身旁是随时可能再次坍塌的断壁残垣。为了在有效的救援时间内抢救出更多的生命，义士们没有在意这些潜在的危险，他们在专业人员的带领下，搬楼板，挖砖石，清路障。没有专业救援设备，他们就用原始的方法，铁锤砸，钢钎撬，徒手刨，不放过每一处可能埋着幸存者的地方。

虽然他们和专业救援队伍比起来只是一群"土八路"，但干活从不惜力，一旦在废墟下发现了生命迹象，就立刻抛下手中的工具，徒手拨去废墟里的铁钉、玻璃碴，搬开楼板、砖石，决不给受困者带来第二次伤害。

在一次次的救助过程中不知发生了多少次余震，头上或脚下的废墟随时都有可能崩塌，但他们没有一个人退缩。

他们中有一位兄弟，刚开始救援工作不久，脚就踩到了钉子上，脚底板都快被扎穿了，流了很多血。救灾指挥部想安排他回绵阳治伤，但他就是不走，说好不容易进了北川，决不能轻易离开。

在一次营救受困者的关键时刻，大地突然开始摇晃，半塌的楼房开始剧烈摇摆，楼上的一些东西不断往下掉。有人喊："是大余震，快撤！"义士们当时都在未塌的楼房下忙碌着，从险处迅速冲出来的时候，有的擦伤了手，有的崴了脚。余震稍停，他们立即又重新回到原来的位置继续营救。经过大家紧张的拆破楼板、搬运碎砖石，受困者终于成功获救了，他们这才略作休息。

但也有时候，他们耗尽了力气，收获的却是失望和伤心。

北川中学是寄宿制学校，五层教学楼的一层和二层在地震后完全垮塌了，在楼板和梁柱之间挤压着孩子们的胳膊和腿脚。义士们在专业队伍的带领下，破除砖墙，搬走瓦砾，当他们费了好大劲把一块楼板通过机械吊臂吊起来时，却没有看到一个生还者，全是一具具孩子的遗体。尽管这些十三四岁的孩子们都已经死去多时了，义士们仍然不顾一切地继续又挖又刨，他们不忍心让孩子们的遗体在瓦砾下面再多待一刻。

周围有人小声地说："这些孩子太惨了，太可怜了。"义士们和其他救援人员都伤心地哭了。直到后来他们听医疗队的医生说："这些孩子们在地震的刹那间就被压在墙下，应该没有感到痛苦。"大伙的心里这才多少好受些。

在北川的这些日日夜夜里，十三义士们冒着生命危险，克服重重困难，与解放军、武警战士一道，每天都冲锋在救灾第一线。44 岁的王宝忠，在搬运碎石过程中左手大拇指被砸伤，指甲盖全

△ 在地震中倒塌的北川中学

部被掀掉了，但他只是让医疗队给伤处上了些药，缠了些纱布，继续留在废墟里干活；62岁的王加祥，连续8个日夜奋战在抢险第一线，遇到需要他搬搬抬抬的时候，他总是忘记自己的年龄像年轻人一样卖力；19岁的王金龙，一次次涉险去搜寻幸存者，干起活来像拼命，如此年轻的他，为了救灾却给家人写下了遗嘱……这些感人的事迹，在十三义士身上数不胜数。

参加营救工作的解放军和武警战士们，每隔两三个小时就换班休息一次，但义士们一般一干就是一整天，每天从早上天刚蒙蒙亮就赶到救援

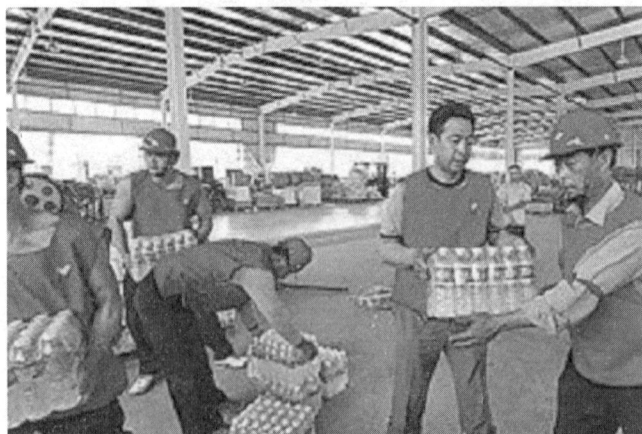

△ 在地震灾区分发救灾物资

现场，晚上直到看不清了才离开睡觉。白天干活时，忍受着令人窒息的恶臭气味，夜里睡觉时，又饱受蚊虫叮咬。饿了，就吃点饼干，没有饮用水，就接雨水解渴，偶尔吃上一碗开水泡的方便面，都是顿奢侈的美餐。由于物资匮乏，长期吃不到青菜，再加上过度紧张劳累，义士们几天解不出大便是常有的事情。

经过艰苦卓绝的连日奋战，义士们共抢救出25名幸存者，挖出近60名遇难者遗体，运送遇难者40多人，还从崇山峻岭中救出300多名被困的群众。

## → "爱心名片"

★★★★★

十三义士身上穿的红色马甲，在北川的残垣断壁之中，成为了十三道闪亮的风景。它们不仅为灾区人民带来生的希望，也成为唤起八方支援力量的"爱心名片"。

在十三义士这种无私无畏精神的感召下，唐山各地群众迅速行动，无数人自发地加入到这场生死大救援当中。

——丰润区李树喜等十六名唐山老兵来到灾区，他们中的九个人经历过唐山大地震，他们说自己来四川是报恩的。

——迁西县三屯营镇彭庄高振中、王晓中、王景坡三位农民志愿者，在打通灾区道路时得知当地血库告急后，从工地急忙赶往采血处，献出了800毫升的鲜血。

——玉田县陈潮、杨国强等五名志愿者，驾驶一辆10米长的大货车，经过35个小时的长途跋涉，把4个可简易组装的彩钢房和10万个纸杯以及大量方便面、纯净水，送到安县晓坝镇，捐献给救援队员和灾民们。

——迁西县范文军等四位志愿者，采购了包括25顶帐篷在内的10万元的物资，雇车运到灾区，捐给了安县秀水镇。后来，范文军又在成都租了一辆中巴车，免费提供给前来救援的唐山志愿者使用，仅这一项费用每天就在七八百元。

——唐山慈善总会走廊里等待捐款的人排成长队，很多人捐款时不留姓名，只对工作人员说请写上"唐山人"。

据媒体统计，地震发生仅仅几天后，唐山市就有477名志愿者自发来到灾区抗震救灾，他们千里迢迢、无私无畏地奋战在抢险救灾的各条战线上。留守在唐山的人民群众，也纷纷向灾区伸出援助之手，几天之内全市就向灾区捐款1.19亿元，捐物价值2092万元，献血700800毫升。

除唐山外，来自全国各地的众多志愿者也加入了抢险救灾的队伍，其中，一名来自北京的女白领让十三义士尤为感动。

这位女性得知地震的消息后，立刻抛开在北京的优越生活，购置了大量的救灾物资运到灾区，在分发完物资后，执意留下来为十三位义士做饭，照顾他们的生活。

还有一些志愿者，在年初那场冰雪灾害中知

△ 宋志永爱心志愿小分队成员合影

道十三义士名字后，因而才萌发了当一名志愿者的想法。他们追随十三义士，不为名，不为利，只为了实现自己的人生价值。这些志愿者来到灾区专程找到义士们，要求加入"宋志永志愿小分队"。

开始的时候，义士们都欣然接纳了，但没想到后来想加入的人越来越多。身为团队领导者的宋志永觉得人多责任就重，他不愿分散救人的精力，就不再扩大团队规模。后来，宋志永说："最多的时候，我领导了69个人。要不是我们有意控制规模，可能这支队伍就得有300多人了。"

→ **转移后方**

★★★★★

连续几个昼夜的奋战后，十三义士接到了

抗震指挥部要求北川救援队伍迅速撤离的通知。

这样，他们就从北川又转战到了安县晓坝乡。

在这里，十三义士遇到了他们的老朋友——一起在湖南郴州抗击雪灾的战友桂建华。大家拳拳相握，都很激动。桂建华说："我和你们一样，也是来报恩的。"

他这番质朴的话，让在场者无不感动。

身为唐山人的十三义士来到湖南、四川是为报答 32 年前的恩情，今天，接受过全国人民支援的郴州人来到四川也是来还这份恩情的。正是因为有了一个个心怀感恩的志愿者参与，这支抢险救灾的队伍才会在几天之内就如此庞大，这支队伍的气势才会如此磅礴。

到了晚上，安县抗震救灾指挥部给他们发了一顶帐篷，但只能住下 10 个人，也就是说必须有 3 个人要在外露宿。宋志永觉得自己年轻体壮，拉着两个年轻的兄弟就想去外面。

有人知道他有风湿病，觉得不忍心，就劝他说："你有风湿，还是你睡帐篷，我去外面睡吧。"

宋志永却是一副命令的口气："我是小分队的队长，让你们睡哪就睡哪，听我的！"说完，和另外两个人拿着行李卷儿就在外面找个地方睡下了。

没成想，半夜里突然下起雨来了，把他们三个的被子淋湿了，三个人在外面强忍了一宿。第二天一早，宋志永揉着膝盖走进帐篷，带着浓重的鼻音催促大家："快点收拾装备，一会儿我们就出发。"

帐篷里的人听出他感冒了，都十分过意不去。但看见他匆忙的身影，他们都知道，此刻的宋志永根本就有没把自己的身体当回事。

在安县晓坝乡，上级交给十三义士的任务是转移受灾群众、装卸物资、搭建帐篷、消毒防疫、送水送饭等一些后方的工作。这些活比起救人轻松多了，他们在一线已经奋战了几个昼夜，指挥部这样安排其实对他们也是一种照顾，但十三义士都不太领情，他们还是想去救人。

有几个人私下里商量，是不是找上面去反映反映? 宋志永也想回到一线去参加救援工作，但他知道这是组织出于考虑后才作出的安排。他劝大家说："心里不情愿咱也得服从组织，毕竟不能都去救人，这些活也得有人干。"看到宋志永这样说，大家才安心留下来。

# 那些特殊的日子

★★★★★

5月20日，也就是大地震后的第八天，这一天是个特殊的日子——宋志永36岁的生日。

这一天一大早，他用1000多元钱买了生活用品，捐给了200多名受灾群众。

安县晓坝乡的受灾群众贾定开、金永秀夫妇，在几天前的地震中失去了亲人，很偶然间得知这一天是宋志永的生日，他们决定为这个千里迢迢来报恩的唐山人举办一场生日宴会。

一切都很简陋。倒塌的瓦砾前，摆放了几张桌子，老夫妇俩与义士们围坐在一起。金大娘手捧着一束从瓦砾中采来的野花，献给了宋志永，向他表示生日祝福。老人家双眼含着泪水，脸上却带着笑意。

面对大娘真诚的祝福，宋志永的眼泪再也控制不住了。

桌上的菜很简单。一盘凉拌西红柿，一盘萝卜干，一盘皮蛋，每人一个鸡蛋、一根黄瓜。荤菜只有一个，是这对老夫妇家里在地震中"幸存"下来的腊肉。宋志永是当天的"寿星"，他面前比别人多了一碗热乎乎的长寿面。金大娘说："孩子，你们北方人过生日吃面条，这碗面你一定要吃，那样会长寿的，好人就应该长寿。"

宋志永含泪答应着，他已经说不出话来了。这些简单的饭菜，是他自12日赴川抗震救灾以来吃过的最丰盛的一顿饭；这个生日宴会，也是他有生以来过得最特别、最有意义的生日。

5月31日，同样是个难忘的日子。

这一天，宋志永入党了。

他向四川抗震救灾唐山临时党支部提出了入党申请，党组织根据他的表现，一致同意宋志永火线入党。

下午2点，在驻地前的草坪上，宋志永站在迎风飘扬的党旗下，神情肃穆。这是一场特殊的入党仪式，简简单单却中规中矩，每一个步骤都是严格按照程序进行的。

宋志永面对鲜红的党旗，朗声宣读入党誓词："我志愿加入中国共产党，拥护党的纲领，遵守党的章程，履行党员义务……"

△ 在四川电视台举办的赈灾晚会现场

　　他洪亮而庄重的声音，吸引了周围的很多官兵和群众，人们靠拢在一起，共同见证了这一神圣的时刻。

　　5月30日，十三义士受四川省委邀请，赴成都参加了四川省赈灾义演晚会。在晚会上，他们的出现让观众席上立刻响起了一片热烈掌声，当主持人介绍他们的事迹时，整个会场响起的掌声更是经久不息。晚会结束时，义士们找了个饭店想吃顿热乎饭，没想到被周围的人们认出来了。一下子围上来一百多人，又是送烟，又是敬酒，要他们的签名。热闹了好一阵子，终于吃完了饭，却发现他们的账早已被别人偷偷结过了。

值得一提的是，在那个小饭店里，王加祥还认了个"孙女"。一个 17 岁的当地小姑娘见到王加祥后就抱着哭，不停地说："王爷爷，你们真好！"从那以后，这小姑娘就像个离家在外的小孙女对待自己的爷爷一样，每到逢年过节就给他发来祝福短信，祝他身体健康和节日快乐。

# 助学施善

## → 帮助孩子是他们的心愿

★★★★★

在安县晓坝镇，义士们每天都能接触到各式各样的受灾群众，这其中包括孩子们。

灾区的这些孩子，有很多都在地震中失去一个或几个亲人，还有的已经成为了孤儿。他们的家园没了，学校没了，亲人也没了。每当看到这些可怜的孩子们，十三条汉子的眼睛常常是湿润的，帮助孩子们是他们每个人最大的愿望。

宋志永是十三义士的领队，家庭条件又相比其他十二兄弟好一些，因此救助孩子们的事情他做得最多。他有一个日记本，上面记满了那些孤儿的名字和灾区一些需要帮助的孩子，有一次他听说灾区的 200 多名孩子要去云南读书，他一次就出资 10000 多元钱，买来文具送给了孩子们。

5 月 26 日，十三位义士经过商议，由宋志永代表志愿小分队给唐山市委书记赵勇打了一个报告，希望家乡能够接收一部分灾区的孩子去读书，在报告里他们表示只要市里能接收，一切费用都由他们来想办法。唐山市委当天就召开了专题会议，会后市委书记赵勇亲自给他打来电话说，学

△ 和灾区的孩子在一起

生有多少来多少，上学的费用由市里解决。

孩子们去唐山上学的消息在灾区传开后，义士们的帐篷就经常被围得水泄不通，都是一些前来咨询的家长们或孩子们。晓坝镇外的一些地方，像北川县和安县茶坪镇、秀水镇等地，那里的家长和孩子知道后，也有很多人专程来打听上学的消息。

△ 和灾区的孩子们做游戏

有一个 7 岁的小男孩，独自一人从桑枣镇的救助站跑到晓坝镇来询问上学的事，大家对这个小男孩的精神感动不已。

6 月 1 日儿童节这天，十三位义士有一项任务是发放安县县委、县政府送给孩子们的节日礼物。

高音喇叭里广播了这个消息后，不一会儿他们的帐篷外就聚集了一大堆孩子，这些孩子都来自救助点附近。很多孩子领了礼物后也不走，缠在他们身边亲昵地问这问那。

有一个六七岁的小女孩，给他们讲故事，还把发给自己的奶糖剥给他们每个人吃，非得放到他们的嘴里，她那股执著劲儿把十三个大男人都逗笑了。

为了落实孩子上学的事，宋志永在六一过后没几天，专门回了一趟唐山。几天后他又返回来时，带来了 6 辆大巴和 1 辆小汽车，专程到灾区的 3 个县 8 个乡镇，把 246 名孩子接到了玉田县银河中学。

## → 和孩子们过年

★★★★★

　　银河中学是玉田一所民办学校，在当地有着良好的办学声誉。学校的老师在灾区孩子们入校之前，就专门受过"培训"，市县领导和学校领导都叮咛嘱咐他们在孩子们面前不能哭，但有些老师看到孩子们，有的又黑又瘦，有的脸上还带着伤，还是忍不住偷偷地掉下了眼泪。

　　银河中学设小学部、中学部等几个分部，原有100多个教学班，这些孩子来了后又专门为他们新设了8个班，每个班配备3位老师。学校还在社会各界的帮助下，新建了一座"爱心园"，园里的 30 多间宿舍成为孩子们的集中生活区。

孩子们以前学的教材和这里的不一样，义士们赶紧找上级领导反映，经过协调，从四川紧急调集了一批当地教材，发放给老师和孩子们。

身为十三义士之首的宋志永，被学校聘为副校长，专门负责孩子们的生活。为了方便照顾孩子，学校还从灾区聘请了十几位家长，并为每名孩子和家长上了 20 万元的保险。

2009 年春节，灾区重建工作还没完成，许多受灾家庭仍住在帐篷或临时搭建的简易板房里，有一百来个灾区来的孩子没法回家过年。义士们和学校一起制订了一套过年方案，放寒假之后就开始组织孩子们排练节目，开展文艺活动。

为了配合学校让留下来的孩子们在这里过好地震后第一个春节，十三义士专门开了一个小会。宋志永说："这些没走的孩子里，有一些在地震中失去了亲人，还有一些是孤儿，咱们得让他们在咱这里高高兴兴地过春节。大家都说说，咱们怎么让这些孩子过好这个年？"

王宝国是东八里铺村的副主任，一向是个热心人，接过话茬说："我看咱们三十儿那天谁也别回家了，都在学校里陪孩子吧。"

大家听了都点头。有人提议说："咱们一起给孩子们包顿饺子，陪他们看春节晚会，吃年夜饭。"

还有人提议："年三十那天咱们有手机的都带手机来，电视里新年钟声响时，让这些孩子给家里人打电话拜年。"

有人又说："大年初一以后，让孩子们轮流到咱们家里过年吧，也感受一下家庭的温暖。"

人们听到这些提议，都纷纷说好。大方向定好了，接下来就商量去谁家过年、过年时给孩子们准备点什么东西等一些细节。就这样，过春节的事说定了。

大年三十上午，他们陆陆续续都来到了学校。在学校里和孩子们一起包饺子，到了晚上大家围坐在一起看春节晚会、吃年夜饭。农历新年马上要到了时，孩子们用他们的手机给远在四川的亲人们在电话里拜年，有许多孩子都哭了，家长在电话那头哭，孩子在电话这头哭。一直陪伴到孩子们都睡下了，这群上有老、下有小的汉子们才回去陪自己的家人。

正月初一后，孩子们到十三个义士家过年。十三个人正好是十个家庭，十多个孩子去一家，今天这拨儿孩子来你家，明天那拨儿孩子去他家。

这个春节让孩子们过得又新鲜又高兴。

# → 再享盛誉

★★★★★

2009 年 2 月 5 日，农历正月十一。

当晚 8 点钟，中央电视台综合频道播出了"感动中国 2008 年度十大人物"颁奖盛典，唐山十三义士与用残缺身体保护奥运火炬的金晶、圆中国人"太空行走之梦"的神七航天员等人一起，被评选为感动中国的 2008 年度十大人物。

那天晚上，十三位义士早早来到银河中学爱心园，与灾区学生们一起收看颁奖晚会，共享当选"感动中国年度人物"的喜悦。

晚上 8 点一过，爱心园里就成为欢乐的海

△ 和在玉田县银河中学借读的灾区孩子们在一起

洋。每当电视画面上出现了十三位义士的身影和学生们熟悉的声音，庭院里就响起一阵阵热烈的掌声，每一个大人和孩子的脸上都洋溢着开心的笑容。对十三位义士获得这个荣誉，灾区来的学生们感到特别高兴和自豪。来自四川省安县的学生李盼盼说："宋叔叔和其他十二位叔叔没有经过专业的训练，可是两次救灾，干了那么多累活、苦活，我感到他们很伟大，这次得奖他们当之无愧，我为他们感到高兴！"同是来自灾区的彭子傲也说：

"地震没有发生前，我就听说唐山有十三位农民去抗击冰雪，可是没有想到自己会在他们的帮助下来唐山上学。我从心里感激他们，他们就是我的亲人。今天我看了'感动中国'颁奖典礼，重新认识了我的亲人们，我为他们感到高兴、自豪。"

在玉田县东八里铺村，义士们的亲人和乡亲们也都满怀着喜悦，围坐在电视机前收看颁奖盛典。

村民王占华说："我知道正月十一晚上要播出'感动中国'的颁奖盛典以后，就一直盼望这一天了。不管是中央台、湖南台、河北台还是四川台，只要电视上一播这十三个兄弟的事儿，我就没有落下过。我们村出了十三个英雄，获得这么大的奖，这是我们全村的光荣。"

看完颁奖盛典后，十三位义士的内心也久久不能平静。

他们事后对采访他们的记者说，看到电视短片时，让他们想到了很多，想到了吃着方便面喝凉水的日子，想到了余震时从楼里往外跑，还想到了用双手从废墟里扒人的情景，这其中有失望的痛苦，也有成功的喜悦。那段日子，是他们经历过的一段最特殊的也是最有意义的一段时光。

在记者采访十三位兄弟对获奖有何感想时，他们用质朴的语言表达出了心里的想法：

宋志永：我很平凡，能"感动中国"我很自豪。光荣属于我们全唐山人。因为爱心是唐山最好的名片。祝福我们唐山年年都有人感动中国，因为唐山是最具幸福感的城市，生活在唐山，我很满足。做爱心事业，我将坚持到生命的最后一刻。

王加祥：看到"感动中国"我们十三个人评上了，心情很激动，这只能是给我们又上了一课。荣誉已经得了，今后我们会继续努力做好爱心事业，继续当好志愿者，不辜负全国人民给我们的荣誉。

宋志先：实际上我们并没有做什么，只是干了力所能及的小事儿。从来没想到自己能走上中央电视台"感动中国"这个领奖台，很出乎意料，也很高兴。

王宝国：2008 年是很不平静的一年。中国发生了很多事，有灾难也有喜事，涌现出很多优秀的志愿者，我只不过是其中一员而已。得到这么大荣誉，我感到我做得还不够，以后我将更努力地去做。

尹福：做了这点小事能得奖感到很高兴，我都 61 岁了，能为别人做点好事我更高兴。

曹秀军：看到今天的颁奖晚会，我心里酸酸的，想到了在抗震救灾时，从废墟里摸到第一个孩子的手，那会儿，我的眼泪止不住地往外流。往后，我还要把爱心继续下去。

王宝忠：获得"感动中国"这个奖项让我感到特别的骄傲，其实我只做了一件很平凡的事。往后，在我的有生之年，我会继续帮助那些需要帮助的人。

杨国明：我要永远做一个有爱心的人。这次能得到这个荣誉，我心情非常激动，作为唐山人为唐山争了光，我将会永远坚持下去。

宋久富：这次获这个奖并不止是我们小分队的，是全唐山人民的。我只是一个普通的农民，做了自己应该做的事。在今后的人生道路上，只要可以帮助别人，我会尽最大的力量去做。

王金龙：非常激动，我做得还不够好。以后要继续努力，把爱心事业传递下去。为祖国作贡献，为唐山人争光。

王得良：我们是唐山人，也是新时代的农民。我们懂得感恩，两次救灾我们都是怀着感恩的心情去的，能报答全国人民，我心里很高兴。

杨国平：看了这个节目我心情很激动，自己觉得很骄傲自豪。从来没想到我会走上这个领奖台，在有生之年，也忘不了。往后的日子里，我会为党和人民作出更多的贡献。

杨东：能得这个奖很高兴。我以后要继续努力做好志愿者，发扬一名退伍军人为人民服务的精神。

颁奖典礼播出过程中，义士们的电话和短信一直不断，都是一些亲朋好友和省、市、县领导对他们的祝贺。

那一晚，喜悦随着电波在东八里铺村的上空传递。

在同一个晚上，湖南郴州市委宣传部、电业局、广电局和当地记者一行7人，带着郴州人民的祝福，星夜兼程，于午夜时分赶到义士家乡送来祝贺。

郴州市委宣传部副部长谭家顺说："十三义士的精神感动了郴州人民，郴州人民不会忘记他们在当地做的奉献，我们这次来不仅是为了向他们表示祝贺，还为了英雄的唐山人民和英雄的郴州人民的宝贵友谊。"

这是一个激动的夜晚，也是一个无眠的夜晚。

# 专业合作社＋慈善事业

★★★★★

孩子们的到来，给义士们增加了不少工作量，更给他们在经济上添了不小的负担。

从 2008 年 6 月孩子们来到玉田，到 2009 年 7 月送走最后一批孩子，这期间一共大约花费了 90 万元。除唐山市财政拨了 40 多万元和社会上爱心人士的捐助以外，宋志永个人也搭进了十几万元钱。这些钱里有他卖了一处房子的十多万元房款、准备装修房子的三万八千元，还有他爱人张宁的部分工资。其他十二位义士也尽着自己的能力，又出钱又出物，好几个人都为此欠了上万元的外债。

从四川回来后，十三义士就改变了原来的生活。宋志永结束了原来在农村的生意，每天忙于慈善事业。其他人也随叫随到，只有一要空，就跟着宋志永忙活。

他们经过多方联系，在县特殊教育中心设立了爱心扶助基金，与19名残疾儿童签订了爱心扶助协议，承担他们全部的生活费用。还出资5000多元为该中心购置了15台缝纫机，用于残疾儿童学习缝纫技术，以便提高他们将来的生活技能。

爱心基金成立以来，共接受社会各项捐助12.1万元，除大部分用于灾区学生在玉田就学的各种费用外，还救助了20多名困难群众，包括四川、东北以及在唐山打工的困难农民工等。他们还一有空就去慰问孤寡老人和困难户，定期组织清扫大街、清理生活垃圾等活动。

在宋志永的倡议和带领下，他们建立了"宋志永爱心网站"，通过网站宣传全国各地需要帮助的弱势群体。凭借"唐山十三义士"的号召力，网站开办以来，影响不断扩大，在爱心网站上注册的志愿者一天比一天多，仅来自河北省农村的注册志愿者就达到了2000多人。

看到志愿者队伍不断壮大，义士们都感到很欣喜。宋志永说："爱心志愿者队伍正成为一种越来越强大的社会力量，我们虽然肩上的担子更重了，但这种重担我们愿意挑，因为这是全社会的福气。"

另外，义士们还参与组织了各类主题捐助活动，为困难奶农、患有白血病学生、因火灾致贫的农民等捐款捐物，这些活动都在社会上产生了很好的影响。

抗击雪灾回去之后，宋志永作为十三义士之首，被邀请去做了四十天的报告，他说这是"有家不能回"，尤其对别人写好了稿子让他背、找播音员教他发音的做法很不耐烦。有一次，团中央又打电话给他，让他准备再去做报告，他说什么也不去了。

因为他的志向不是出名或做名人，他当前最大的理想是在农村的广阔天地里，和兄弟们一起成立一个农民专业合作社，让父老乡亲们共同致富，再依托合作社把公益事业做大做强。

对宋志永的理想，乡亲们都大力支持。在村委会换届选举时，全村 410 人参加选举，他以绝对优势当选为新一届村委会主任。在选举中，他得了 380 票，别人最高的才 280 票。

宋志永当上村主任后，东八里铺村被唐山市列为"科学发展示范村"，先后投资 300 多万元，修了路，安装了太阳能路灯。

经过紧张筹备，宋志永农民专业合作社于 2009 年 11 月 5 日正式开业了。合作社理事会成员就是十三位义士。

合作社的成立得到了唐山市领导的热切关注。唐山市委副书记张义珍专门发来贺信，市委常委、农工委书记徐景田，市政协副主席卢晓霞等领导也专程出席了成立庆典。

合作社注册资金 960 万元，有土地近 200 亩，建筑面积 15000 多平方米，员工 80 多人。以无污染、全天候绿色养殖及农业为发展理念。这是一个集养殖、农业观光、采摘园林、餐饮、住宿、公益敬老院、志愿者服务基地于一体的大型综合性农业产业链条。目前产业园已初具规模。他们还在产业园里建了散养鸡、垂钓等项目，目的就是通过"农家乐"的形式，让收入水平偏低的老百姓也能消费得起。

这个合作社与其他合作社有两个不同：一个是每年他们将从合作社的收益中拿出30%左右的资金作为公益基金，用于志愿服务。他们认为：有了资金支持，志愿服务将更加制度化、规范化，就可以帮助更多需要帮助的人。另一个不同，就是融入了感恩理念。比如，设置感恩博爱大酒店、公益敬老院、志愿者服务基地等。公益敬老院拟接纳四五十位孤寡或儿女有疾病等特殊原因的老人，而志愿者服务基地则成为集培训、管理于一体的志愿者之家。

　　合作社开办后，好多村民来合作社干活，考虑到初期创业的艰难，人们都是义务劳动。只要一招呼，大伙就来了，手头任何事情都放下来，没有任何怨言，让义士们备受感动。村民们说："我们理解志永他们，他们是实实在在地想把全村带富。"

　　附近的一些村庄也愿意和他们合作，他们都信任宋志永他们。周边村庄的村民们都说："十三义士是啥样人，我们都清楚，我们相信跟着他们干不会吃亏。"

对于未来，义士们信心十足。

专业合作社＋慈善事业，是他们今后的人生方向。

# 爱在玉树

## → 3000公里和4000米海拔

★★★★★

正当十三位义士创办的合作社逐渐步入正轨之际，2010年4月14日，青海玉树发生了7.1级地震。

当天，十三位义士知道这个消息后，每人马上捐出了1000元，第一时间把这1.3万元钱送到唐山市慈善总会，然后大家立即分头筹备去灾区的事情，有的去联系其他志愿者，有的去相关单位开证明，有的去采买救灾时所需的物品。

宋志永的妻子张宁也向单位请了假，想和他们一同去青海。虽然她是一名妇产科大夫，但对一些常见疾病的治疗和包扎外伤都不成问题，她觉得自己去灾区会帮得上忙。只是，她要和丈夫两人一走，6岁的儿子谁来照看是个问题。这事让张宁有点为难。儿子长这么大从未离开过妈妈，因此劝说儿子的工作还得由她来做。张宁给儿子打开电视，先让他看电视里面房倒屋塌的画面，然后抱着试试看的心态和儿子说起这件事，没想到小家伙听说父母要去电视里的那个地方去救人，竟然很痛快地答应了去亲戚家住，还说支

△ 筹备去青海玉树的物资

持爸爸妈妈。

参加四川地震救灾让义士们有了些经验，这次他们准备了铁锤、撬棍等工具，还带了不少方便面、矿泉水等食品。负责采购药品的是张宁，她购买了一些必备药品，特别是抗菌类、抗感冒类药品和绷带、搽剂等外用药。考虑到青海玉树特殊的地理位置，她还买了一些预防高原反应的药物。

采买药物和食品的工作就绪了，赴玉树的志愿者队伍也组织好了。这次赴灾区救援队伍共由 32 人组成，他们是：

十三义士中的八个人。本来十三位义士都要参加，但考虑到玉树地区的海拔高度以及部分人的身体状况，最后决定其中八个人去玉树。

来自八个村庄的二十多名壮劳力，其中包括六名共产党员。考虑到这次队伍人数较多，而且多是农民志愿者，于是这支志愿者队伍成立了党支部，由各村干部、党员们担任党支部书记、副书记，为的是起到组织带动作用，能积极与当地协调，更顺畅地实施救灾工作。

两位医生。一位是药王庙卫生室的骨科医生董志国，一位是宋志永的爱人张宁，她也是队中唯一的女性。

第二天傍晚 6 点，这支 32 人的志愿者队伍乘坐两辆面包车出发了。这一次与十三义士当年赴湖南、四川时最大的不同点，就是车上不少人都会开车，一路上他们准备歇人不歇车，马不停蹄地赶路。

但没想到这一次的行程，也同样是段艰难的行程，艰难程度甚至超过了前两次。

车启动了，每个成员的心里都很忐忑。

玉树位于青海省南部，海拔在 4000 多米以上，距离玉田有近 3000 公里的路程。别说久居平原的人们在高原反应下能否胜任救灾工作，就是能不能安全到达灾区，大家心里都没底儿。

八位义士心里也都在打鼓。他们虽然参与过四川救灾，对抗震救灾有了一些经验，但玉树是高海拔地区，去那里抢险救灾无疑困难更多，难度更大。

队伍中的唯一女性张宁，她也非常紧张。这是她第一次出这么远的门，而且是去高原地区救灾，一想到即将看见的地震惨相和不可预见的困难，她就不由自主地紧张。每到这时，张宁就看看坐在不远处的丈夫宋志永。丈夫那坚毅的眼神，

△ 在奔赴青海玉树的路上

成为这一路上抚平她心情紧张的良药。

汽车一路向西快速行驶，越过河北、山西、陕西等地，驶入了青海境内。

海拔随着汽车的行进越来越高，道路两侧远处的山体逐渐变成白色。天气也开始出现了在平原地区看不到的变化，一会儿是雨雪，一会儿是冰雹，一会儿又是雨雪冰雹交替出现。看到这种异常而且恶劣的天气，人们的心都收紧了。在越过第一座山口后，海拔已经到达了 4000 米以上，空气中的氧气变得越来越稀薄，车里的人有的开始感觉到轻微头痛——高原反应已经开始出现了。

西宁通往玉树的道路有多处被地震损坏，路面越来越窄，汽车却越来越多，全是来自全国各地抗震救灾的各种车辆。在拥堵、损毁的道路上，他们那辆装载着物资的面包车与别的车发生了碰撞，车子前后都被路上的汽车撞瘪了，所幸没有人员受伤。

4 月 18 日清晨，经过了 62 个小时的昼夜行车，穿越了 5 个省市，他们终于到达了玉树州结古镇。

"结古"在藏语中是"货物集散地"的意思，结古镇是玉树藏族自治州的首府，也是这一次地震的震中区。由于镇子距离长江源头不远又紧挨着江边，这里成为长江流域中第一个人口密集的地方。

在路上，汽车越往西行，出现头痛、胸闷、心跳加速等症状的人就越多，还有的嘴唇黑紫，有的在车上不时呕吐，有的出现了浮肿、休克现象，有的瘫在座位一动不动，甚至连水都没法喝；下车后，高原反应的症状似乎更明显了，有的人只走了几步就快昏过去了……这支来自冀东平原的救援队伍，几乎所有人都出现了不同程度的高原反应。

玉树县第三小学是他们的驻地，队员们要把帐篷支在学校院里，但在强烈的高原反应下，即使是这样相对简单的体力劳动，也让这群长期在农村劳动的壮劳力们气喘吁吁。

## → 在玉树的昼与夜

★★★★★

经过短暂休整后，身穿红色马甲的 32 名队员拖着仍然疲惫的身体，投入到了抢险救灾中。

在宋志永的带领下，队员们进入结古镇交通宾馆附近的废墟。这里曾是一片繁华的商业区，道路两旁全是被地震震毁的商铺，废墟下全是商户们的各种货品。

△ 曾经美丽的玉树在地震中成为一片废墟

　　一条条汉子拿着大锤、撬棍等工具，被吊车从外面送进危楼。危楼里险象环生，随时都有可能在下一场余震中倒塌成新的废墟，但他们不放过一丝生命迹象，也不放过每一个角落，仔细搜寻被困人员和有价值的物品。

　　一块块残砖断瓦被搬开，一件件货物被运出……当全部货物都被转移到安全地带后，他们再配合大型挖掘机和吊车对这幢危楼进行拆除。

在高原地区从事这种超强度的体力劳动，无疑对每一个来自平原地区的人都是巨大的考验和煎熬，但这群汉子们都咬着牙，用着力，拼着命，没有完成手里的活谁也不肯歇息。

商人李光静的货物是宋志永他们抢救出来的。一上午他们就抢救出 50 多万元的财产和物品。看到队员们太劳累，李光静一直劝他们别干了，可他们却说什么也不肯停下来，直到货物全部转移到安全地带，他们才东倒西歪地坐在马路边休息。

队伍中的两位医生也不顾长途劳累，立即展开了救治伤员的工作。在到达灾区的第一天，张宁就接收了一位情况危急的孕妇。她通过做内诊、测产期、听胎心等一系列检查后，发现孕妇腹部在地震中被物体撞击受了伤，为防止胎盘出现早剥，她立即帮助孕妇转入设备条件较好的医院待产。最后，这名妇女得到了救治，母子平安。

短短几天里，这支队伍就清理地震废墟近 1 万平方米，为灾区群众抢救出近 1000 多万元财产，救助伤者 60 余人。

后来，得知当地政府要求高三学生必须在当月 23 日复课的消息，他们就转战到玉树中学，又全力以赴地投入到学校的修复建设中。经过三天两夜的持续奋战，终于在 4 月 23 日上午，玉树中学的高三学生顺利进入教室开始了学习生活。

拆除危楼，清理废墟，搜救群众，抢救财产，援建学校，安置灾民……总之，哪里有困难，哪里需要帮助，哪里就有这支救援队伍的身影。

这一个个色彩鲜红的马甲，再一次成为玉树灾区的一道道闪亮风景线，它们是坚强和友爱的

△ 小分队中唯一的女性张宁与队员在玉树灾区

象征，引领着来自全国各地的抗震救灾志愿者，展开一场气壮山河、艰苦卓绝的特殊战斗。

青海首信建设工程第三公司项目经理刘国强，与宋志永的队伍在一起并肩抢险救灾，他的人负责操作重型机械打通道路，宋志永的队伍负责清理路面障碍和搬运物资。刘国强说："我们是宋志永协调来的，能和唐山这些'感动中国'的英雄们一同救灾，我们感到又高兴又自豪！"

曹永胜是玉田县石庄村人，几年前到西宁经商。地震发生后，他主动和宋志永联系，要求加入他们的队伍。到玉树后，曹永胜和宋志永他们战斗在一起，也穿上了和他们一样的红马甲。虽然很苦很累，但只要看到自己身上的红马甲就会感到无比振奋。他说："我是英雄们的老乡，我也要和英雄们一起将唐山志愿者的精神发扬光大！"

像在两年前的四川地震灾区遇到郴州的战友桂建华一样，宋志永又遇到了来自四川的战友陈岩。他们相识于四川灾区，曾经一起奋战多日，这次又一同为玉树而来。两人双手紧握着，都激动不已。

相比四川灾区，玉树震区各方面的条件更差。这里不仅高原反应让外人无法适应，气候环境也异常恶劣，时而刮风沙，时而下大雨，有时晚上还下起大雪。救援人员的住宿条件特别艰苦，帐篷里没有电，因为路不好走后勤给养也跟不上，让这支队伍中的很多人都感冒发烧，好几个队员倒下了，最终有 12 个人因高烧不退等身体原因，被迫中途回家了。

结束玉树中学复建任务后，留下的队员们也要回家了。

这一趟行程，虽然异常艰苦，时间短暂，但他们不虚此行。因为他们用汗水赢得了胜利，用付出实现了价值。这一趟玉树之行，他们将永生铭记。玉树的一幕一幕，都永远印在了他们心里。

有一天晚上，队伍经过一片残垣断壁时，附近的居民正为玉树遇难的同胞举行悼念仪式，路边的空地上有很多根蜡烛组成了他们看不懂的藏族悼文。当地居民的旁边是一大群来自天南海北的志愿者，他们手中都举着白色方纸，上面用汉字写着：为遇难同胞致哀。宋志永和队员们也走进人群中，一起为素不相识的人们默哀。

在那一刻，民族之分、语言障碍都消失了，大家的心连在一起，都不约而同地为逝者祈祷，为生者祈福。也在那一刻，逝者不再孤单，烛光照亮了他们通往天堂的路。

救灾任务结束了，宋志永带领队员开始走上返乡之路。

在起程之前，他们把车上剩余的价值1万多元的食品、水，以及价值5000多元的药品，都分发给了当地群众。在灾区的这些日子，队伍中的唯一女性、素爱干净的张宁，连一次脸都没洗过，因为她知道，带来的那些矿泉水除送给灾民和队员自己饮用外，作任何用处都是奢侈，都是浪费。

他们汽车的后面，是当地藏族同胞久久相送不愿离去的身影，他们每一个人的胸前，都飘扬着洁白的哈达。

他们来的时候，满载着食品和药物，走的时候，满载着灾区人民的感谢和祝福。

# → 荣耀与哀伤

★★★★★

2010 年 4 月 26 日，宋志永带着队员回来了。

大家的脸都又黑又红，才十多天的工夫，高原上强烈的紫外线就把他们裸露的皮肤改变了颜色。

他们驱车来到唐山宾馆时，受到了市民的热烈欢迎。唐山市裕华道一小的师生早早等候在这里，他们一下车，就立刻拥上来一大群孩子为他们献上了鲜花。

孩子们纯真的笑脸、老师们衷心的问候，像一股股暖流流向他们心里，这股暖流比沐浴在春日里和煦的阳光下还令人舒畅。

市委副书记张义珍和市委常委、宣传部长郭彦洪，在唐山宾馆迎接宋志永一行，和他们一一握手，并向他们致以亲切的问候。

在迎接仪式上，张义珍专门做了讲话，她说："你们克服重重困难，投身玉树地区的抗震救灾工作，展现了'感恩、博爱、开放、超越'的新唐山人文精神，受到了灾区群众的好评。全市广大干部群众要以你们为榜样，发扬'奉献、友爱、互助、进步'的志愿服务精神，为推动科学发展、促进社会和谐贡献力量。"

从玉树归来，十三义士又一次成为了焦点。

虽然这次去玉树的只有十三义士中的八位，但通过众多媒体和网站对玉树的宣传报道，当年家喻户晓的十三义士的名字，又开始频繁地出现在各大媒体和网站上。除宋志永外，像曾三次亲赴湖南、四川、玉树灾区，今年已经 64 岁的王加祥，也成为了媒体们追捧和网民们谈论的对象。

国内媒体称他们"用最直接、最朴实的行动，对'感恩'一词进行了完美的诠释"。一些国外媒体也对包含十三义士在内的志愿者们进行了大篇幅报道，并称这种现象为"中国温柔的心"、"公民意识的伟大觉醒"。

一些记者来到玉田，发现十三义士之首的宋志永已经成为这里的一张"名片"。有记者在入住的酒店里与前台工作人员闲聊时，就常被问起："你们是不是来找宋志永？是不是想采访唐山十三义士？"

但在同时，也有一种质疑的声音存在。

其实早在几年前，十三义士自费前往郴州抗灾的消息经首次报道后，就一直有一种与此相悖的刺耳鼓噪存在。

有人说："十三位农民自发前来救灾，自身并无足够的资金和相应的技术支持，发挥的作用十分有限。"

也有人说："除夕放弃与家人团聚，自费来郴州救灾，值得敬佩，但很难相信这种事会发生在农民身上。"

还有人说："听起来让人感动，想起来却有作秀的味道，是不是媒体的故意炒作？"

在义士们的家乡，也有人说："当初南方闹雨雪冰冻灾害，宋志永他们不是去救灾的，而是捡废品去了。地震后，他们给县里带来200多名学生，就是想出名，玉田县财政花了很多钱，当地老师的工资涨不上去，这都怪他们。"

这种委屈十三义士一直都有，他们的耳边除了赞扬声外，也常常能听到这些流言蜚语。

有一次，有一家电台的直播节目中，就义士们自费到郴州抗击雪灾展开了一个十分尖锐的话题——"是做事还是作秀？"

刚开始时，十三位义士对"作秀"这个时髦的词汇不是特别理解，当他们真正弄懂了这个词的真实含义后，他们感觉自己的内心被深深刺痛了。

面对冷嘲热讽和误解质疑，十三位义士不得不开口回应。

宋志永：我们从唐山来湖南抗雪救灾，有人叫好，有人质疑，这是很正常的事情。我们还是相信中国那句古话：路遥知马力，日久见人心。不管别人怎么说，我们只要埋头苦干就行了。群众的眼睛是雪亮的，人人心里都有一杆秤，分得清善恶和美丑。还有一点我想说，要是十三亿人都来作秀，那还叫作秀不？这作秀是因为啥，是因为没有人来作秀。一人有难了，大家伙来帮衬帮衬，我们不是奔着作秀而来的。

王金龙：虽然唐山大地震时我还没出生，但从小父母就念叨，那会儿全国人民都来帮咱们，这会儿湖南有灾了，我们也应该去帮他们。

王宝忠：别人咋说就咋说，只要我们心里明白咋做就行了。

尹福：说实话，咱们是农民，没有什么技术，来这里的确帮不上大忙。我们不懂得啥叫作秀，也不知道别的，只想着干点儿力所能及的事儿，就心满意足了。一句话，人不能没有良心。

杨东：我当过兵，部队教育我们，一切行动听指挥。现在虽然退伍了，可咱不能落伍，听说湖南有灾情，所以我就来了。

部分长沙市民、郴州市民，以及来自中央电视台、河北人民广播电台、唐山台、郴州台等新闻工作者，也纷纷通过各种方式表达自己的观点。

郴州市民郑满平：肯定不能说他们是作秀。人家从唐山跑到我们郴州来，这个精神就不简单了。说句实在话，这十三个农民真的不简单，我们都要向他们学习。有人在网上说人家作秀，太不应该了。

长沙市民刘晓军：我相信农民兄弟的感情是非常朴实的，他们的动机是单纯的，没有某些网民揣测的那么多弯弯绕。现在媒体之所以这么关注这些农民兄弟，恰恰是因为当代社会急功近利为名求利的事情太多了，而像这些唐山兄弟这样朴实单纯的人实在是太少了，值得宣传。

中央电视台记者邓秀军：前两年，东南亚发生了海啸以后，世界各国都伸出了援助之手，帮助他们重建家园。这回了解到唐山宋志永他们十三个人的事儿，我第一感觉就是：咱们中国人的素质提高了。说他们作秀，只能说明说这些话的人素质太低。从小我们就知道水滴石穿，中国十三亿人，如果有一亿人能像宋志永他们这样做的话，那咱们的政府该多省力，咱们的国家该多强大啊！所以说，别老怀疑宋志永他们作不了多大贡献、不过是作秀而已，关键的是要想想，咱自己到底做了什么？

唐山人民广播电台记者海亮：这些天来，我们一直跟踪采访他们，和他们同吃、同住，最懂得他们的内心世界。他们来的初衷是帮灾区干点儿实实在在的事儿。现在这么多的记者前来采访他们，是他们始料不及的，倒让他们不好意思起来。更多的时候，他们想的是远离镜头，到工地上去干活儿，那样更自在。有些事情，很多人都可以做，可他们并没有做，这就是高尚和平庸之间最本质的区别。从唐山到郴州，南北跨越 2000 多公里，他们已经用实际行动证明了这一切，他们是来干事的，不是来作秀的，他们的义举，他们的精神，感动了郴州，感动了中国。

唐山人民广播电台记者胡军：我也是唐山人，是大地震后出生的。当年大地震时，唐山几乎家家都有人遇难，我家就有三个亲人被埋在瓦砾中。姥姥的腿上至今还有一块大钢板。当年全国人民来支援唐山，唐山人民至今心存感激。对十三位唐山农民的做法，我觉得可以用八个字来概括，那就是：情理之中，意料之外。要说他们是来作秀的，我不敢苟同。请在场的摄影记者把镜头对准他们，给他们一个特写，看清坐在我们对面的农民兄弟，他们是地地道道的农民，他们不懂什么叫作秀，也根本不会去作秀！

　　当记者们的镜头转向这十三位质朴无华的农民义士时，他们中有的人那双布满血丝的眼睛已经湿润了，正在用满是茧子、裂痕和冻疮的双手擦着眼睛。

　　现场人们的眼睛也都湿润了。

　　也许，今后对唐山十三义士的质疑声音还会存在，对他们"是做事还是作秀"的讨论也仍会继续下去。宋志永曾对此表示，不管别人说什么，今后他们还是要把这条路走下去，把爱心火炬传递下去。

他们正是这样做的。当从郴州归来后，十三个人就成为一个不可分割的集体，奉献爱心已成了他们实现人生价值的方式。四川、玉树地震灾区，他们都是在第一时间赶到的，不知疲倦、无所畏惧的身影一次次出现在最危险、最艰苦的救灾第一线上；面对需要帮助的人们，他们一次次伸出援手，尽自己的绵薄之力。

宋志永曾说过一句话："要是我们这是作秀，那中国十三亿人都来作秀就好了！"在十三位义士的眼里，帮助别人，就像看见邻里乡亲谁家修房盖屋，去帮助和一锹泥、搬一块砖。

如果他们这是在作秀，那但愿这种"作秀"的人更多一些。如果有更多的人在国家危难时挺身而出，有更多的人在别人需要帮助时伸出援手，那纵然是作秀，也是国家之福、社会之福。

他们不在乎别人的眼光，"把爱心火炬传递下去"是他们的人生准则，也许就在此刻，他们正默默地帮助着别人……

# 网络文章

# 感动十三亿人的十三农民兄弟

★★★★★

龙龙小

或许，他们只是中国十三个最普通的农民兄弟，每天日出而作日落而息；或许，他们也是中国十三个最坚强的农民兄弟，在经历过唐山大地震的伤痛之后，自强不息努力发展；或许，他们更是中国十三个最懂得知恩图报的农民兄弟，在5·12地震之后，义无反顾地踏上了千里迢迢赈灾路。在2008年，我们认识了这样十三位农民兄弟；十三位农民兄弟，代表了十三亿中国人。这的确是一个美丽的巧合，但是还是有很多的人固执地认为，这不是巧合而是一种必然。

十三亿人的力量有多大，十三个人的力量就有多大。当这十三位农民兄弟在风雪中驰援身陷雨雪冰冻灾害的湖南灾区时，曾有人质疑，十三个人、一辆面包车，能有多大力量？但当一年之后，这十三位农民兄弟再次踏上了奔赴汶川的赈灾之路时，没有人再去怀疑他们的力量——积沙成塔，水滴穿石，十三位农民兄弟从心底里迸发出的力量让全国十三亿人都为之震撼。在他们的背后，有着无数的志愿者源源不绝自动自发地奔赴灾区，此时此刻，谁还会去质疑"十三个人能干什么"吗？

这十三位农民兄弟是如此的质朴，质朴得让人难以抑制地落泪，当记者采访他们为什么总能在灾区的第一线看到他们的身影，他们的回答之中只有感恩："无论在湖南还是四川，我们所到之处都有着太多令人感动的事情发生。为什么我们能够得到人们这样的礼遇？就是因为人与人之间相互的理解，相互的感恩。所以我们深深感受到往往在你感动别人的同时，别人也在一次次给你上着一堂课。正是这种真诚的情感回馈使我们意识到：别人需要的时候无怨无悔地帮助别人，得到的这种理解和感动对我们来说，就是一种充实，就是一种力量，什么都无法跟它相比。"

在各种各样的荣誉面前，十三位农民兄弟们却是异常地低调，为首的宋志永总是在说："等这件事结束后（救灾），我还做回我的农民，过以前的生活。"但他却总是食言，他并不能够放下那些牵挂他的本素不相识的兄弟姐妹们，除了本身担任的村支书的职务之外，宋志永还开办打理着一个爱心网站，仍然继续运作着灾区246名缺衣少食的孩子带回唐山读书的事宜。他的农民兄弟们也一直支持着这位领头人的决定，似乎对于他们来说，帮扶只是日常生活中一件稀松平常的事情而已，他们依然只是十三个最普通的中国农民——即使，他们感动了全中国。在5·12即将一周年之时，在让我们牢记悲痛之时，也让我们记住这些感动和面孔！

# → 抗风雪斗冰灾，请别忽视了农民的力量

☆☆☆☆☆

渭水河

河北唐山市玉田县东八里铺村村民宋志永于大年三十与同村的 12 位普通农民一起，

自费包车奔赴湖南，帮助当地人民抗雪救灾，重建电网。在湖南省受灾最严重的郴州市抢险救灾第一线，有一支由13位唐山农民组成的救灾小分队。他们当中年龄最大的王加祥62岁，年龄最小的王金龙只有19岁。

自1月10日以来，一场雨雪天气造成14个省大面积受灾，107人死亡，8人失踪，直接经济损失上千亿。13亿中国人没有被吓倒，而是勇敢地面对灾难，解决困难。13位河北农民兄弟加入到这场抗风雪冰冻灾害战斗中，冲锋在前，和全国人民一样支持南方抢险救灾，为什么呢？因为有爱，因为全国人民一条心，因为他们是新时期最可爱的人……

爱是力量，爱是抗雪的动力，爱是化雪融冰的催化剂。13位农民有爱，有感情。唐山地震时全国人民支援救灾，南方受灾时唐山农民怀着"感恩的心"来到了南方。抗雪灾是爱的力量，爱是支援南方救灾的动力和力量，这个力量很重要。他们虽是13位农民，仅是一个小分队，可在13位农民兄弟的身后是13亿中国人的支援，是13亿中国人的力量。这股力量很大也很有代表性。抗雪灾需要万众一心，更需要众志成城，同样需要团结互助。

全国人民一条心，战胜雪灾不用愁。风雪冰灾是号令，是连结全国人的绳索。总书记来了，总理来了，解放军叔叔来了，农民兄弟来了。"一方有难，八方支援"是我们中华民族的优良传统，更是激励人们战胜困难，解决水、路、电的精神动力。唐山农民宋志永正是和全国人民一条心，基于此，他那朴实无华的语言和行动，给大家做出了示范，也带了一个好头。他有一颗金子般的心，此心不灭，雪灾会除。一场风雪冰冻是凝聚13亿中国人力量的桥梁。

在全国人民战雪灾这场战役中，让人感动的人和事很多，最可爱的人也很多，有乡官李彬，也有在除冰抗雪抢救输电线路中牺牲的湖南电工罗海文、罗长明、周景华等，还有在抗雪救灾斗争中牺牲的张新民、欧光全等民警。可13位农民兄弟就是当下最可爱的人，是新时期最可爱最可敬的人，是这场风雪冰冻灾害面前最可爱的人。

13位农民向灾区人民奉献的是爱心，留下的是感动，更是唐山人民公而忘私、患难与共的抗震精神和"帮一点"精神。这种精神在任何时候都不能丢、不可无。风雪无情人有情，风雪无语却在告诉我们13位农民兄弟从遥远的北方奔赴南方去抢险救灾的理由。

# 一个唐山人写给十三位玉田兄弟的信

佚 名

　　叫你们兄弟，这是我的荣幸。本来我不知道应该如何称呼你们，因为论年龄，你们中间有我的兄长，更有我的父辈。但我很想叫你们一声兄弟，因为这已经不仅仅是一种称呼。

　　今天是正月十五，此时的我正对着滚烫的元宵踌躇，我不知道你们此时在做什么，是否也在对着元宵思念。我想，远在湖南的你们肯定不会孤单，你们那里的元宵一定会更加甘甜。因为不但有400万郴州父老陪伴着你们，更有700万颗唐山人火热的心与你们同起同眠。

　　知道么？整个唐山都因为你们而沸腾，700多万唐山人都因为你们而激动。

很少有人能够体会到我们唐山人面对灾难的心情，因为我们唐山人的血管里流淌着的是全国各地的爱，因为我们唐山人的骨骼里铭刻着的是多少代人都无法淡忘的记忆。毫不夸张地说，没有全国的人民，就不会有我们唐山的今天；没有全国的人民，就不会有我们唐山人的现在。所以当你们舍弃了自己的除夕远赴湖南时，每一个唐山人都不认为你们是去了他乡，你们只不过是回到了另一个家里。所以当你们告别了自己的亲人赶到郴州时，没有一个唐山人认为你们是到了异地，你们只不过是去见另一个家里的父母、姐妹和兄弟。

所以，理解你们的不但有你们的家人，更有唐山的人民和整个唐山的土地。

灾难不是苦难，这是 32 年前全国人民告诉我们唐山的一句话；真情不会随着时间流逝而改变，这是 32 年后你们代表我们唐山人告诉全国人民的另一句话。

同时你们也正在向世界宣告：唐山没有害怕过灾难，因为有全国人民；相信湖南也不会害怕灾难，也因为有全国的人民。

此时，我面前的元宵已经有些凉了，但我的心里却有一丝别样的火热。这种火热从北方的燕山山脉一直延伸到南方的湘江之畔，更会从风雪寒天的严冬一直延伸到阳光明媚的初春。

再叫你们一声兄弟，记住，远在湖南的不是你们 13 个人，唐山抗震广场上巨大的抗震纪念碑在为你们遮风挡雪，20 多万在唐山大地震中离开我们的亲人在为你们祈求平安，更重要的是 700 多万颗心与你们同在，700 多万唐山父老在与你们一起作战！

## → 献给玉田县十三位农民兄弟

☆☆☆☆☆

项 旎

当二〇〇八年的大幕刚刚地拉开，

一场罕见的雪灾降临祖国的南方，

无论是久居的百姓，

还是路上的司机，

顿时成为备受全国关注的人！

雪无情，冰无情，灾无情，

天无情，地无情，害无情，

但祖国四面八方的人有情，

经过大地震的唐山人有情，

我们是一棵大树根连着根！


从中南海到小村庄，

从党中央到老百姓，

心系灾区，情系灾区，

人往灾区，物往灾区，

人间的情谊啊似海深！


玉田县的十三位农民兄弟，

看到雪灾一天比一天的严重，

想到当年大地震受援的往事，

你们再也坐不住了，

自发地组织起来，

乘坐租来的汽车，

带着北方人民的情，

载着唐山人民的爱，

昼夜兼程，争分夺秒，

风驰电掣，心急火燎，

从北方到南方，

从唐山到郴州，

成为大爱的使者，

成为雪中送炭的人！


十三只雄鹰在风雪中翱翔，

十三个爱神在冰地上搏击，

十三位农民兄弟啊，

你们用自己的行动，

感动着郴州人民，

感动着唐山人民，

感动着全国人民，

你们不愧是雪中送炭的人！


冰雪终究会被融化，

灾害终究会被战胜，

但我们永远不会忘记二〇〇八，

永远不会忘记雪中送炭的人!

## → 网络评论

★ ★ ★ ★ ★

　　针对唐山十三义士的义举,曾在网络上也引起网友们的热议。

　　网友 A:农民的感情是朴素的。因此,唐山兄弟才说:30 年前,唐山地震,湖南人民倾力援手,如今,湖南遭遇雪灾,他们报恩来了。其实,从他们的所作所为来看,不仅仅是报恩,而是"一方有难,八方支援"的道德观的实践。设想一下,假使这次遭灾的不是湖南而是其他地方,唐山兄弟也会倾力援手的。这是人性的闪光,唐山兄弟可以说是报恩，我们则不能用狭隘的报恩一说来压低唐山兄弟的道德高度。

网友B：有些人悲观地认为如今世风日下，人心不古，然而十三位唐山兄弟用行动证明，我们的周围生活着许许多多具有强烈社会参与意识和责任感的人群，无论是工人还是农民，爱心满天下。爱心不是一个类似表演的秀场，不是单方面的给予或接受，也不能被物资的数目所量化，爱心是纯粹的、相互的，施爱与被爱的人都真切地、温暖地感受到爱的力量。更重要的是当我们在帮助别人解决问题、渡过难关时，不仅精神得到抚慰，心灵得到净化，道德得到升华，而且也履行了一份公民对社会的义务与责任。如今大雪融化了，但雪后重建的工作还很繁重，特别是电力、农业、城乡贫困户以及那些留守的老人和儿童等，更多的人认为这应该是政府所为，可十三位唐山农民兄弟为我们做出了榜样。最小的善行大过最大的善念，就算是能力有限，也要奉献出自己的一颗爱心，让一颗颗爱心汇聚成河，去滋润更多人的心田，流淌出一片自然和谐的新天地。

网友C：十三位河北唐山兄弟自发加入到这场抗风雪冰冻灾害的战斗中，冲锋在前，是用自己最纯洁的爱心回报社会，用自己最朴实的情感支援灾区人民，诠释"位卑未敢忘忧国"的精神。他们虽是十三位农民，仅是一个小分队，可在十三位农民兄弟的身后是十三亿中国人的支援，是十三亿中国人的力量。唐山兄弟用他们朴实无华的语言和行动，给大家做出了示范，诠释了什么是新时期最可爱的人。

网友D：谁说他们是作秀我就跟谁急！居然有人说是他们作秀，这样的花钱又费力的"秀"你去作啊！

网友E：我们为什么宁愿相信电视屏幕上的许三多，也不愿意相信现实生活中的真善美呢？

网友F：面对真感动自己的人性良知真善美事件，语言总觉无力。唯有时刻努力以实际行动把唐山十三大兄的人性立场观点意识方法，包括网友们对一切妨碍科学发展观落实阴霾的批判力量，普及到我们社会生活、公民个体思想的一切领域，才能表达我们的敬爱心意。这是一生的事情，是和唐山十三大兄在不同岗位继承伟大民族优良传统，摆脱各种精神羁绊，不断寻求和谐的实践过程，让我们共勉吧。

网友G：这是唐山人民对郴州人民的一份深情厚谊，不仅是物资的支援、人力的支援，更重要的是精神的支持。

网友H：说电网恢复要专业人员，我同意，是要专业人员。但是，难道就没有看到武警也去恢复电网么？难道他们是专业知识的电力武警么？只能说，说这种话的人很可笑，很不懂事。

网友I：就算是作秀，也不是在台上咿咿呀呀地叫，而是采取了实际的行动参与到抗冰救灾的行动中了。抗冰救灾，多一个人，多一份力量。唐山大兄，我支持你们的义举。

网友 J：如果是作秀，那他们几个农民要名还是要利？报道中说几个农民自己掏 3 万块钱，如果是 13 个农民带来的是他们自己制造的狗皮膏药价值 3 万块钱，有可能是作秀。如果是 3 个农民跑来送了 3 万块钱就走了，那也是作秀。如果是一个歌星跑来送 3 万块钱，立马走了，也可能是作秀。这里要注意到，13 个农民，3 万块钱。真的，我凭我是一个在外面打工的农民工敢说，3 万块钱绝对不是一个很简单的数字。与一个百万富翁要他拿 80 万是两个不同的概念，绝对更加需要精神的高度。至于不同在什么地方，我不说大家也会明白。

网友 K：如果说是作秀，每个人都来作，那不是一件好事吗？

## → 官方评语

☆☆☆☆☆

### 他们是中国农民的骄傲

赵勇（时任唐山市委书记、现任河北省委副书记）：13位农民兄弟的行动体现了新唐山精神，体现了一方有难、八方支援的优良传统，体现了唐山人知恩图报、敢于超越的特殊情结，带去了720万唐山人民对湖南灾区群众的深情厚谊。他们不仅是唐山人民的骄傲，也是中国农民的骄傲。

宋志永等13位同志以深明大义、富于爱心、尽其所能、奉献社会的实际行动，为我们树立了学习的榜样。他们是新时期唐山人民的优秀代表，是弘扬抗震精神、构建和谐社会的典范。他们以自己的模范行动，进一步塑造了唐山爱心城市的形象，为唐山抗震精神注入了新的时代内涵。在他们身上集中体现了经过 30 年改革开放洗礼的中国普通老百姓顾全大局、甘于奉献的时代精神，集中体现了唐山人民感恩社会、倾情回报的新唐山人文精神。

# 后 记

## 十三个人的行动和十三亿人的感动

第一次从新闻报道中得知到唐山十三义士的事迹，大约是 2008 年初。那段时间，全中国的焦点都集聚在南方的那场大雪，那场罕见的冰雪灾害牵动着亿万国人的心。这场灾害发生后不久，一个特殊的救灾群体——来自唐山的十三位农民，也随同雪灾一起进入了人们的视野。

在当时，很多人对他们有疑惑，怀疑这些农民的行为是不是自发的、为了什么千里迢迢地自费去救灾。因为在当今的物质社会里，这种举动太难得也似乎太脱离现实。

随着新闻媒体的深入报道，当十三位农民的更多事迹和经历展现在人们面前时，人们质疑的声音渐渐少了，反而很多人从心底萌生出了一种感动。

这是一种让人久违的感动。

一群普通得不能再普通的农民，本来在家里伺候好几亩地就足够了，他们却做出了"超越农民本分"的举动：自掏路费，自筹物资钱款，不顾冰雪寒冷，远赴千里之外的湖南救灾，不图回报，不求名利，这一切只是为了报恩。因为他们是曾经受过全国人救助的唐山人，他们到湖南既是来救灾也是来报恩的。

也许我们不是唐山人，无法体会唐山人那种心怀感恩、时刻想要回报国家回报社会的感受，但十三条汉子用纯朴的言语、真实的行动，让大家渐渐理解并信任了他们。

后来，随着时间的推移，十三位义士渐渐淡出了人们的视线。当2009年青海玉树发生里氏7.1级地震，他们又一次进入了记者的镜头，引起了人们的关注。

这时他们经营的农民专业合作社正蒸蒸日上，按说该有的"名"和"利"他们都已经有了，已经不需要再受罪吃苦地亲自去地震灾区救灾，完全可以利用他们的名气来做一些幕后的事情。但他们放下了一切，第一时间就赶去了3000公里以外、4000米海拔的玉树灾区。

从郴州、北川到玉树，从抗击冰雪、抗震救灾到救助学生，他们让所有中国人都为之感动。

这是十三个人用行动带给十三亿人的感动。

在现代汉语词典里，"义士"的解释是指旧时能维护正义的或侠义的人。在今天，十三位农民用义举赢得了"义士"这个称号。他们以挺身而出的无私大义，诠释出一个普通公民对国家、对民族的责任担当。对于"义士"这个称号，这十三位农民兄弟受之无愧。

据媒体报道，5·12地震引发了新中国历史上空前规模的志愿者行动。地震发生后，全国约有20多万名志愿者自发赶往灾区，不能说这些志愿者的行动和义士们在湖南抗击冰雪没有关联。

正是在他们义举的感召和带动下，全中国的志愿者队伍才会壮大，爱心狂潮才会涌动。

我们感谢唐山十三义士，是他们，让中华民族感恩图报的传统美德再一次弘扬，让万众一心、同舟共济、自强不息、顽强拼搏的民族精神再一次升华。

唐山十三义士，你们的名字我们将永远铭记！

# /100位

## 新中国成立以来感动中国人物/

丁晓兵　马万水　马永顺　马恒昌　马海德　中国女排五连冠群体

孔祥瑞　孔繁森　文花枝　方永刚　方红霄　毛岸英

王　杰　王　选　王　瑛　王乐义　王有德　王启民

王进喜　王顺友　邓平寿　邓建军　邓稼先　丛　飞

包起帆　史光柱　史来贺　叶　欣　甘远志　申纪兰

白芳礼　任长霞　刘文学　刘英俊　华罗庚　向秀丽

廷·巴特尔　许振超　达吾提·阿西木　邢燕子　吴大观

吴仁宝　吴天祥　吴金印　吴登云　宋鱼水　张　华

张云泉　张秉贵　张海迪　时传祥　李四光　李春燕

李桂林和陆建芬夫妇　李素芝　李梦桃　李登海　杨利伟

杨怀远　杨根思　苏　宁　谷文昌　邰丽华　邱少云

邱光华　邱娥国　陈景润　麦贤得　孟　泰　孟二冬

林　浩　林巧稚　林秀贞　欧阳海　罗映珍　罗健夫

罗盛教　草原英雄小姐妹　赵梦桃　钟南山　唐山十三农民

容国团　徐　虎　秦文贵　袁隆平　钱学森　常香玉

黄继光　彭加木　焦裕禄　蒋筑英　谢延信　韩素云

窦铁成　赖　宁　雷　锋　谭　彦　谭千秋　谭竹青

樊锦诗

图书在版编目（CIP）数据

唐山十三农民 / 刘家科，刘海荣著. -- 长春 : 吉林文史出版社，2012.7（2022.4重印）
（100位新中国成立以来感动中国人物）
ISBN 978-7-5472-1146-5

Ⅰ. ①唐… Ⅱ. ①刘… ②刘… Ⅲ. ①农民－生平事迹－唐山市－现代－青年读物②农民－生平事迹－唐山市－现代－少年读物 Ⅳ. ①K828.1-49

中国版本图书馆CIP数据核字(2012)第171772号

# 唐山十三农民

TANGSHANSHISANNONGMIN

著/ 刘家科 刘海荣

选题策划/ 王尔立　责任编辑/ 王尔立 李洁华 马华 任玉茗

装帧设计/ 韩璘

出版发行/ 吉林文史出版社

地址/ 长春市福祉大路5788号　邮编/ 130118

电话/ 0431-81629363　传真/ 0431-86037589

印刷/ 天津海德伟业印务有限公司

版次/ 2012年8月第1版 2022年4月第4次印刷

开本/ 640mm×920mm　1/16

印张/ 9　字数/ 100千

书号/ ISBN 978-7-5472-1146-5

定价/ 29.80元